Recht so

80 originale Strafurteile
von Amtsrichter Rüdiger Warnstädt
aus dem Kriminalgericht Moabit

Das Neue Berlin

ISBN 3-360-00993-2

© 2003 Das Neue Berlin Verlagsgesellschaft mbH
Rosa-Luxemburg-Str. 39, 10178 Berlin
Umschlagentwurf: Peperoni WA, Berlin, unter Verwendung
eines Fotos von Michael Brexendorff
Printed in Germany

Die Bücher des Verlags Das Neue Berlin
erscheinen in der Eulenspiegel Verlagsgruppe.
www.das-neue-berlin.de

„Sie sind ein Kleiner, Sie werden gehängt!"

Amtsrichter Warnstädt stöhnt: Mein Gott, was hab ich Ihnen heute zugemutet! Pfefferkorn! ruft er dramatisch und verdreht die Augen. Es klingt wie eine Entschuldigung für das schlechte Stück und den Schmierenkomödianten in seiner unrühmlichen Rolle als Zeuge. Staatsanwältin und Gerichtsprotokollantin lachen. Die Zuschauer lachen auch. Es war eine kurzweilige Vorstellung.

Warnstädt hat das größte Publikum, es pilgert zu ihm wie zu einem Star, Gymnasiasten, Polizeischüler, Rentner, leidenschaftliche Verehrerinnen. Warnstädt ist Kult, ein Richter von hohem Unterhaltungswert, sagen sie und führen den Besuch von auswärts ins Gericht wie in die Oper, weil er was erleben soll.

Rüdiger Warnstädt ist Amtsrichter im Kriminalgericht Moabit. Seit einem Vierteljahrhundert dasselbe Programm, die gleichen welterschütternden Fälle: geklaute Strumpfhosen, zerdroschene Nasenbeine, beleidigte Polizisten. Man sollte denken, der Mann langweilt sich zu Tode. Aber nein, es gefällt ihm. „Keine Sachen mit Leichen, keine Sachen, wo es darum geht, zehn Jahre zu verhängen." Es sind die minimalen Abweichungen vom geraden Weg, die „kleinen, einrenkbaren Fälle, die man doch immer noch einigermaßen mit guter Laune zurechtbiegen kann". Maximum vier Jahre Strafe, meist sehr viel weniger: „Ich fälle ein kleines Urteil, bleibense sitzen ..."

Unterhaltsscheue Väter, Schwarzfahrer, Säufer, Pechvögel, Gestrauchelte, Geschundene, Erniedrigte und Beleidigte, Typen wie bei Dostojewski bevölkern die Tage des Richters. „Rrrusskij jasyk", rollt Warnstädt, „eine wunderbare Sprache!" Beinahe hätte er die studiert, aber der Professor in Hamburg sagte: Es ist Kalter Krieg und in Bonn haben sie schon einen Dolmetscher. So kam der junge Mann, gerade aus dem Osten in den Westen gewechselt, zu Jura.

Warnstädt ist nicht der Stadtromantiker, der vorgibt, die kleinen Leute zu lieben. Er benutzt sie und erhebt sie zugleich, er macht sie zu literarischen Figuren einer Aufführung, des ewigen Spiels von Schuld und Sühne, Tragödie, Farce oder Lehrstück, je nachdem. Und wenn en suite der 500. Ladendiebstahl gegeben wird, so sind doch alle Darsteller neu. „Es sind alle da: der Gerissene, der Lügner, die Naive, die rachsüchtige Ehefrau, die schiefen, gemeinen Typen." Shakespeare, Tschechow, Goldoni. Was braucht er Herzöge und Hofmarschälle, „im kleinen ist jeder König". Warnstädt ist Hauptdarsteller und wichtigster Mitspieler, aber nicht Komplize. Er führt Regie, er bestimmt, wann die Moral von der Geschichte verkündet wird. Gericht ist wie Theater, „man erfährt so viel über die Menschen, man müßte eigentlich dafür bezahlen!"

Seit der Spendengeldaffäre hat Warnstädt ein Lieblingsthema. Kein Arbeitsamtsbetrüger geht aus der Verhandlung, ohne zu wissen, daß der Richter weiß, wie es um die Welt bestellt ist: Die Kleinen hängt man, die Großen läßt man laufen. „Wenn eine hohe Strafe ansteht, weil der Angeklagte (Warnstädt skandiert dröhnend) zwei-tausend Mark dem Arbeits-amt un-ge-rechtfer-tigt ent-rissen hat, und ich habe morgens in der Zeitung gelesen, daß einer wieder eine Million auf seinem Konto gefunden hat, dann geht mir das durch den Kopf: Wo kommt denn das Geld her? Und wieso werden Millionen im Koffer herumgetragen, während der kleine Mann schon bei Plus den Einkauf mit der Kreditkarte bezahlt? Das muß doch Geld sein, das die Öffentlichkeit scheut ..."

Alle sollen an den Gedanken des Richters teilhaben, dann wird der Fall klarer. Und das Urteil milder? „Keineswegs. Das ist ja 'ne Straftat und bleibt 'ne Straftat. Ich sag: Sie sind ein Kleiner,

Sie werden gehängt. Da hätten Sie sich was Beßres einfallen lassen müssen. Sie sind eben kein Großer. Dann würden Sie ... (er lächelt hintergründig) ... laufen gelassen."

Für seine Aperçus und seitlichen Arabesken ist Warnstädt berühmt. „Nebenbei bemerkt, nebenbei bemerkt, das ist ja die interessanteste Sache bei Shakespeare", findet er und macht sie zur Methode. Er zupft an der cremefarbenen Fliege, erhebt sich, schreitet durch den Raum, rafft mit weit ausholender Geste die Robe mit dem weichen, gefälteten Samtkragen und fixiert das Publikum. Er glänzt mit Wissen, belehrt, empört sich, hier ein Exkurs in die Geschichte des Elsaß, da einer über gute Sitten, insbesondere beim Verwaltungsgericht, und daß nichts dort gegen sie verstößt, nicht einmal eine NPD-Veranstaltung am 3. Oktober. Kabinettstückchen in Redekunst, Entertainment im Dienste des Rechts. Fehlt nur noch der Applaus. Aber der ist nicht möglich, nicht mal bei Warnstädt. Bei Gericht macht man keine Witze, sagen Kritiker seiner Prozeßführung. Im Gerichtssal lacht man nicht, man bearbeitet Akten.

Über Bürokraten und Beamte referiert Warnstädt gerne. „Die Zuständigkeit! Die Unterlage! Was für kulturelle Errungenschaften!" „Die verstecken sich", flüstert er verschwörerisch, „die verstecken sich hinter ihren Akten."

Elegant changiert der Richter zwischen den Stilebenen, von hochdramatisch bis volkstümlich, die feine Ironie ist ihm am nächsten. „Wie lange sind Sie noch in Tegel zu erreichen?" fragt er den Gefängnisinsassen. Den Uneinsichtigen donnert er zusammen wie ein alter Pauker. Den Staatsanwalt weist er ab: „Sie laufen doch offene Türen ein, da brauchen Sie mir nicht noch die Paragraphen um die Ohren zu hauen. Kommentare lese ich nicht, ich lese das Gesetz so lange, bis ich es verstanden habe."

„Sie haben Ihrer Frau in den Bauch getreten? Ist ja 'ne hübsche Geschichte. Er sollte sich verpissen? Na großartig! Jacqueline wollte dem aufs Maul hauen? Charmante Dame. Er hat Sie beschimpft? Ein überschaubarer Vorwurf. Kinder, Kinder! Raus jetzt. Und denken Sie nicht, daß Sie das nächste Mal bei einem anderen Richter milder davonkommen. Sie landen immer wieder bei mir. Die Zuständigkeit ist hier nach Buchstaben verteilt!"

Die filmreifen Auftritte Warnstädts blieben nicht unbemerkt. „Mein kleiner Ruhm", sagt er. Als das Fernsehen die Gerichtsverhandlung als Reality-Show entdeckte, sollte Warnstädt Frau Salesch werden. Man wollte ihn casten, in Köln. Der Richter lehnte ab. Er ist Berliner. Der Berliner hat Witz. Im Rheinland schunkeln sie nur zu Anlässen. Sie sollten doch in Adlershof drehen, dort stünde alles leer. Letzten Sommer lud ihn tatsächlich eine Produktion dorthin ein. Schauspieler gaben die Prozeßbeteiligten. Warnstädt verlangte Gage: Ich bin auch Schauspieler. Wieso, Sie sind doch der Amtsrichter? Ich bin der Amtsrichter, der den Amtsrichter spielt. Wahrscheinlich wird Warnstädt niemals ins Fernsehen kommen. Er ist nicht berechenbar. Einen Fernseher besitzt er übrigens nicht.

Ein Auto auch nicht, er nimmt die S- und U-Bahn. Am Ende des Prozeßtages, um drei oder vier, hängt er die Robe weg und verläßt sein vergittertes Arbeitszimmer in Moabit, in dem anderthalb Kubikmeter rote Akten ihn zu ersticken drohen. Er braucht jetzt Luft und was Schönes. Vielleicht geht er in die Gemäldegalerie und dann in irgendein Café Unter den Linden. Da sitzt dann ein kleiner graugelockter Herr mit cremefarbener Fliege und knallrotem Jackett und schreibt, und manche werden ihn für einen Künstler halten. Er notiert aber nur die Urteile des Tages, die er im Gerichtssaal verkündete, er macht es kurz und trefflich formuliert. Er hat Tucholsky im Kopf: Gut geschrieben ist gut gedacht. Er schreibt mit der Hand in einer schwungvollen, etwas altmodischen Schrift. Später diktiert er das Geschriebene in den Computer, fürs Archiv. „Ich selber halte mich von solcher Technik fern. Ich bin Literat."

Renate Rauch

Vorrede

Ich behaupte nicht zuviel, wenn ich sage, das ist neu, daß ein Amtsrichter seine Strafgerichtsurteile veröffentlicht.

Strafprozesse stoßen seit jeher auf großes Interesse der Öffentlichkeit. Filme mit Gerichtsszenen finden immer ein interessiertes Publikum, und selbst die Gerichtssendungen, die momentan täglich über mehrere Fernsehkanäle kommen, sind, wie ich höre, beliebt, wobei mir allerdings nach mehreren Kostproben, die ich genommen habe, gestattet sei zu sagen, daß sie es mit den originalen Verhandlungen nicht aufnehmen können. Von guter Qualität indessen sind, meine ich, die meisten der Berichte und Reportagen, die in den Zeitungen täglich oder in den Wochenend-Magazinen erscheinen. Die lese ich immer gern, selbstverständlich am liebsten, das kann man mir nicht verdenken, wenn über meine Verhandlungen berichtet wird, und über meine Verhandlungen ist wahrlich seit Jahren viel berichtet worden.

Bei allen diesen Berichten handelt es sich natürlich immer um den Blick von außen auf den Strafprozeß. Es wird geschrieben und berichtet aus der Perspektive des Zuhörers und Zuschauers. Die Perspektive des Richters ist selbstverständlich eine andere. Berichtet der Richter vom Prozeß, so fällt seine Beschreibung anders aus, muß anders ausfallen, schon deshalb, weil der Richter ja sozusagen aktiver Mitspieler ist. Seine Berichte oder Beschreibungen dringen jedoch selten in die Öffentlichkeit.

Nun gut, der Richter spricht sein Urteil in öffentlicher Verhandlung, und er begründet es auch öffentlich. Aber kaum wahrgenommen wird, daß der Richter auch schreibt. Ist die Gerichtsverhandlung mit der Verkündung des Urteilsspruchs zu Ende, geht der Richter nämlich hin und bringt die „Gründe" zu Papier. Diese „Gründe" werden dann „zu den Akten gebracht", und ihr weiteres Schicksal ist es, wenn das Verfahren endgültig zu Ende ist, mit den Akten auf dem Aktenboden die ewige Ruhe zu finden. Das Licht der Öffentlichkeit erblicken die „Gründe" eigentlich nie.

Ausgenommen natürlich die Fachpublikationen. So veröffentlichte das Reichsgericht (RG), gegründet 1879 in Leipzig, manche seiner Strafurteile in den „Entscheidungen des Reichsgerichts in Strafsachen" (RGSt). Der erste Band erschien 1880, der letzte Band, der 67., wurde 1944 ausgeliefert. Und der Bundesgerichtshof (BGH), nach dem Kriege sozusagen als westdeutscher Nachfolger des Reichsgerichts ins Leben getreten – in Karlsruhe, weil man ja nach Leipzig nicht konnte, als man dann ab 1990 allerdings konnte, nicht wollte –, setzt diese Tradition mit den „Entscheidungen des Bundesgerichtshofes in Strafsachen" (BGHSt) fort und hat seit 1951, als der erste Band erschien, bis 2002 47 Bände herausgegeben. Auch das Oberste Gericht der DDR (OGDDR) in Berlin gab übrigens eine Sammlung heraus, die „Entscheidungen des Obersten Gerichts der Deutschen Demokratischen Republik ... in Strafsachen" (OGSt). 1951 erschien der erste Band. Heute gibt es weder die DDR noch das OGDDR, die Publikation war aber, ohne Gründe anzugeben, bereits mit dem 16. Band 1977 entschlafen.

Alle diese Publikationen sind gewiß sehr interessant. In den dort veröffentlichten Urteilen wurden oder werden die neuen Rechtsfragen abgehandelt, natürlich auch immer wieder die alten, neu gemischt und durchgeschüttelt. Sie wurden und werden von Richtern, Staatsanwälten, Rechtsanwälten, Referendaren, Professoren, Assistenten, Studenten durchforstet, man sucht in den Sammlungen nach einem ähnlichen Fall, will Honig saugen daraus für den eigenen, will das dann zitieren, denn ein Zitat aus einer solchen Sammlung im eigenen Werk, es schmückt, es bessert auf, gibt Rückendeckung, erspart manchmal weiteres Nachdenken, macht jedenfalls immer, mindestens jedoch sehr häufig und auf viele Eindruck.

Mit jenen Sammlungen hat meine Sammlung nichts gemein. Das heißt, es geht natürlich auch um Rechtsfragen, aber das hier ist Lesestoff. Es ist Lesestoff für alle, die sich für das Leben interessieren, genauer gesagt, das Leben, das einem Amtsrichter als Straf- und Schöffenrichter zur Entscheidung unterbreitet wird. Dieses Leben, das da ins Kriminalgericht hineinschwappt, ist, nun wie soll man sagen ... es ist wie das Leben eben so ist: häßlich und schön, hart und milde, komisch und traurig, ernst und heiter, grausam und lächerlich, oft beides oder vieles zugleich. Schließlich ist es ja die Großstadt Berlin selbst, die da ins berühmte Kriminalgericht Moabit hineinschwappt.

Kürzlich erhielt ich einen Anruf aus dem Gefängnis. Es meldete sich die 44jährige Sozialoberinspektorin Sabine Kelm und sagte: Sie kennen mich nicht, aber ich wollte Ihnen doch einmal sagen, wie gern wir hier im Kollegenkreis der JVA Charlottenburg Ihre Urteile lesen. Sie bringen die Sache ohne die sonst üblichen vielen Verbrämungen „auf den Punkt". Man kann sich ein gutes Bild vom Fall und von den Menschen machen. Das Lesen Ihrer Urteile verscheucht trübe Stimmungen und macht Vergnügen.

Solches Vergnügen wünsche ich nun auch dem werten Leser und füge nur noch schnell hinzu, daß es sich bei den „Gründen" tatsächlich um die originalen Urteile handelt, auch wenn Aktenzeichen getilgt sind und aus Schulz Schmidt, aus April Mai und aus Treptow Köpenick oder aus Britz Buckow – oder auch alles umgekehrt – wurde. Das nennt man Diskretion, prosaisch: Datenschutz.

Amtsgericht Tiergarten

Im Namen des Volkes

Die Angeklagten werden alle wegen gemeinschaftlich begangenen Betrugs in zwei Fällen, jeweils zugleich begangen mit Urkundenfälschung, der Angeklagte Sandmann außerdem noch wegen zugleich begangenen Verstoßes gegen das Gesetz über die Kontrolle von Kriegswaffen und das Waffengesetz zu Gesamtfreiheitsstrafen verurteilt.

Die Gesamtfreiheitsstrafen betragen bei dem Angeklagten Sandmann ein Jahr sechs Monate, bei den übrigen Angeklagten ein Jahr.

Die Angeklagten haben die Kosten des Verfahrens zu tragen.

Bei allen Angeklagten §§ 263, 267, 25 Abs. 2, §§ 52, 53 StGB bei Sandmann außerdem § 22a Abs. 1 Nr. 6 KWKG und § 53 Abs. 3 Nr. 1 WaffG

Gründe

Die beiden jeweils zugleich mit Urkundenfälschung begangenen Betrugshandlungen bestehen darin, daß sich die Angeklagten am 13. Mai 2002 vom Konto des Rechtsanwalts Friedel bei einer Berliner Bank 29 000 DM und 27 000 DM unberechtigt auszahlen ließen. Der Angeklagte Kahn hatte sich einen Personalausweis verschafft, der mit seinem Paßbild, aber mit den Personaldaten des Rechtsanwalts versehen war. Er kannte ferner die Kontoverbindung des Rechtsanwalts.

Am Morgen jenes 13. Mai 2002 trafen sich die vier Angeklagten, holten sich Auszahlungsscheine aus einer Bank-Filiale,

fuhren dann gemeinsam in das „Stilwerk" in der Kantstraße und frühstückten dort. Dann ging es wie folgt weiter:
Die Angeklagten fuhren im Auto des Mahlow zunächst zu einer Bank-Filiale am Kurfürstendamm. Kahn legte dort den gefälschten Personalausweis und einen mit der nachgemachten Unterschrift des Rechtsanwalts versehenen Auszahlschein vor und erhielt die geforderten 29 000 DM vom Konto des Rechtsanwalts. Da es so gut geklappt hatte, fuhren die vier weiter und wiederholten das Ganze in einer Bank-Filiale ganz in der Nähe, einziger Unterschied: diesmal nur 27 000 DM.

Wieder hatte es geklappt, und vielleicht wäre man noch fortgefahren, hätte nicht jetzt die Polizei eingegriffen und alle vier festgenommen. Es war nämlich so, was die Männer nicht wissen konnten, daß sie die ganze Zeit von der Polizei beobachtet worden waren. Genauer gesagt, zunächst wurde nur Krug beobachtet, beginnend mit dem Verlassen des Gefängnisses Hakenfelde, dann sein Einsteigen in das Auto von Mahlow, dann das Hinzustoßen von Sandmann und Kahn und dann die Bankbesuche.

All dies hat sich in der Hauptverhandlung aus den Angaben Kahns und Krugs ergeben, auch Sandmann hat den äußeren Ablauf nicht in Abrede gestellt. Was sozusagen streitig geblieben ist, ist die Frage, ob Kahn nur für sich oder für alle gehandelt hat. Kahn selbst hat auf die schlichte Frage, was die anderen denn mit seinen Abhebungen, die er unumwunden von vornherein eingeräumt hat, zu tun hätten, ebenso schlicht mit „nichts" geantwortet. Dann wäre das also alles nichts weiter als eine Herrenpartie zu viert mit kleinen Unterbrechungen für Kahns Straftaten. Wer's glaubt, kann sich trösten, wird wahrscheinlich selig! Es bedarf wenig Fantasie sich auszumalen, was zum Beispiel bei dem gemeinsamen Frühstück im „Stilwerk" geschah. Dort wurde zwar gefrühstückt, aber nicht nur das. Dort wurde das weitere Vorgehen besprochen, vor allem auch die Unterschrift des Rechtsanwalts Friedel für die Auszahlungsscheine geübt.

Die Staatsanwaltschaft hat wortreich, vielleicht zu wortreich, Beweisanzeichen ausgebreitet. Sie hat Fingerabdrücke gesichtet, dubiose Geldbeträge festgestellt, auf Telefonverabredungen verwiesen. Alles Kleinst-Indizien, Bäumchen, gar nur Strauchwerk, worüber man den Wald nicht sieht. Auf alles dieses Kleinwerk ist hier verzichtet worden, denn man muß doch sagen, selbst wenn auf dem gefälschten Personalausweis des Rechtsanwalts die Fingerabdrücke Krugs, Sandmanns, Mahlows wären: Was bedeutet das schon! Sie hätten angefaßt und mehr nicht, das ist nicht der Beweis für ihre Beteiligung. Also läßt man das weg, aber: Dieses ganze Kleinwerk, das zugegebenerweise Moabiter Üblichkeit entspricht, mag beim Landgericht nachgeholt werden, denn es ist – schon wegen der Fortdauer der Untersuchungshaft – ganz sicher mit Berufungen aller Angeklagter zu rechnen.

Die Angeklagten haben gemeinsam gehandelt und es ist nun durchaus nicht angezeigt, wegen der verschiedenen Vorstrafensituation – Kahn hat zwei bestandene Strafaussetzungen und Geldstrafen hinter sich, Krug war „Freigänger", hatte aber eigentlich zwei Jahre zu verbüßen, Mahlow war gerade zwei Wochen vor den neuen Straftaten nach längerem Gefängnisaufenthalt auf Bewährung entlassen worden, in Sandmanns Strafregister steht noch gar nichts! – jetzt sozusagen laubsägerisch zu differenzieren, dort einen Monat hinzu, dort einen wieder ab. Die Angeklagten erhalten vielmehr für jede Abhebung, die ja eine richtig vorbereitete, nicht zufällige kriminelle Tat ist, acht Monate Freiheitsstrafe, woraus sich für Kahn, Krug und Mahlow eine Gesamtfreiheitsstrafe von je einem Jahr ergibt.

Bei Sandmann kommt noch etwas hinzu. Er hat in der Hauptverhandlung zugegeben, daß er in der Wohnung einer Freundin Kriegswaffen – sieben Handgranaten, eine Panzerhandgranate und drei Handgranatenzünder – sowie Waffen – einen Revolver Amadeo Rossi und eine Pistole Derringer – sowie Munition aufbewahrte. Für diese zugleich nach dem Gesetz über die Kontrolle von Kriegswaffen (§ 22a Abs. 1 Nr. 6) und nach dem Waffengesetz (§ 53 Abs. 3 Nr. 1) strafbare Tat erhält Sandmann ein Jahr

Freiheitsstrafe, milde zu nennen, denn das ist die Mindeststrafe. Die erhält er deswegen, weil er, wie gesagt, noch ohne Vorstrafen ist. Aus allen drei Strafen ergibt sich für Sandmann die angemessene Gesamtfreiheitsstrafe von einem Jahr sechs Monaten.

Strafaussetzung zur Bewährung kann keiner der Angeklagten verlangen. Die Angeklagten sind gestandene Männer, die wissen, was ihnen blüht, wenn sie geschnappt werden. Sie sind keine gestrauchelten Knaben, von denen etwa angenommen werden kann, daß die Hauptverhandlung sie jetzt zu einer ganz anderen Einsicht geführt hätte. Das anzunehmen wäre geradezu vermessen.

Also keine Strafaussetzung zur Bewährung, mehr noch: Es ist wichtig, wenn die Angeklagten die Strafen sofort verbüßen, damit sie sehen, es gibt für solche Sachen kein Pardon. Das ist das einzige, was sie in positivem Sinne beeindrucken könnte.

Die Kostenentscheidung beruht auf § 465 StPO.

Warstädt

Amtsgericht Tiergarten

Im Namen des Volkes

Die Angeklagten sind der gefährlichen Körperverletzung schuldig; sie werden deshalb verwarnt.
Es bleibt vorbehalten, jede der beiden Angeklagten zu einer Geldstrafe von sechzig Tagessätzen zu je zwanzig DM zu verurteilen.
Die Angeklagten haben die Kosten des Verfahrens zu tragen.
§§ 223, 223a, 233 StGB

Gründe

An dem Sachverhalt sind drei hübsche junge schwarze Damen beteiligt, zwei, die Angeklagten mit den hübschen Namen Claire und Jacqueline, stammen aus Guinea/Afrika, eine, mit dem nicht weniger schönen Namen Shirley, aus der Karibik, aus Jamaica. Alle drei leben in Berlin, sind hier mit deutschen Männern verheiratet. Am 6. April 1994 besuchten die beiden Angeklagten eine vierte schwarze Frau, eine aus Ghana, die gerade ein Kind gekriegt hatte, im Gertrauden-Krankenhaus. Plötzlich ging die Tür auf und es erschien Shirley. Shirley war im achten Monat schwanger – übrigens war auch die Angeklagte Claire schwanger, allerdings erst im vierten Monat – und hatte in dem Krankenhaus deswegen einen Arzt aufgesucht, ihre Schwangerschaft war eine sogenannte Risikoschwangerschaft. Auch sie wollte die Frau aus Ghana besuchen. Als sie aber dort die beiden Angeklagten sah, verzichtete sie demonstrativ auf den Besuch, rief der Frau zu, sie komme wieder, wenn die beiden Angeklagten nicht da seien. Was sie genau sagte, ist in der Hauptverhandlung nicht klargeworden, jedoch war es nicht im mindesten freundlich. Shirley selbst hat in der Hauptverhandlung auf Englisch gesagt, es sei ziemlich „rude", also rüde, ungehobelt gewesen. Die beiden Angeklagten wurden böse. Sie folgten Shirley. Shirley bekam es mit der Angst zu tun. Sie sagte, um die Angeklagten abzuwimmeln, noch etwas Unangenehmeres – „verschwindet, häßliche schwarze Afrikanerinnen" –, allerdings in Englisch und darauf vertrauend, daß die Angeklagten aus dem francophonen Guinea das wörtlich nicht verstehen werden. Die verstanden aber doch, zwar wohl nicht die Wörter, aber deren Sinn, und wurden noch wütender. Claire stellte sich Shirley in den Weg, Jacqueline kam heran, schlug Shirley so vor die Brust, daß Shirley auf den Rücken fiel, wobei größere Verletzungen glücklicherweise dadurch vermieden wurden, daß sie in ein Gebüsch fiel. Dann fiel Claire über Shirley her, und es wäre möglicherweise ganz schlimm gekommen, wenn nicht der Ehemann Shirleys herbeigeeilt wäre und Claire von Shirley heruntergezogen hätte.

Nach diesem Sachverhalt sind die beiden Angeklagten der gefährlichen Körperverletzung nach §§ 223, 223a StGB schuldig, der gefährlichen Körperverletzung deshalb, weil sie gemeinschaftlich gehandelt haben. Beide gingen Shirley hinterher, beide waren wütend, beide wollten Genugtuung, beide wollten notfalls handgreiflich werden, wenn es sich denn so ergeben sollte.

Der Sachverhalt hat sich in der Hauptverhandlung vor allem aus der Aussage Shirleys ergeben. Deren Aussage ist glaubwürdig, sie hat nämlich nicht nur das unangenehme Verhalten der Angeklagten geschildert, sondern auch ihr eigenes unangenehmes Verhalten, besonders auch ihre Bemerkung von den häßlichen Afrikanerinnen. Die beiden Verteidiger haben sich ergebnislos bemüht, Shirley zu verwirren. Sie haben dies übrigens in zum Teil sehr unangebrachter Weise getan und waren offensichtlich so davon überzeugt, daß nur sie recht hätten und niemand sonst, daß sie darüber gar nicht mitbekommen zu haben scheinen, wie gut die Angeklagten behandelt worden und auch weggekommen sind. Kaum war die Verhandlung mit der Rechtsmittelbelehrung beendet, sollte schon das Rechtsmittel protokolliert werden, und als das selbstredend nicht gemacht wurde, wurde es im Gerichtssaal, man kann sagen, etwas „rude".

Zurück zu den Angeklagten, um die geht es ja schließlich: Beide sind unvorbestraft, beide wurden von Shirley gereizt, alles ist schließlich noch gutgegangen, Shirley hat mittlerweile ein gesundes Mädchen zur Welt gebracht, so daß über § 47 und über § 233 StGB aus der normalerweise vorgesehenen Freiheitsstrafe von mindestens drei Monaten eine Geldstrafe von sechzig Tagessätzen – jeder Tagessatz ist unproblematisch 20 DM – geworden ist. Und mehr noch: Ohne ihre Verteidiger hätten die Angeklagten bestimmt einige bedauernde Worte gefunden, das sah man ihnen an, so daß es angebracht ist, die Angeklagten lediglich zu verwarnen und sich die Verurteilung nur für den unwahrscheinlichen Fall neuer Straftat vorzubehalten.

Die Kostenentscheidung beruht auf § 465 StPO.

Warastädt

– 18 –

Amtsgericht Tiergarten

Im Namen des Volkes

Der Angeklagte wird freigesprochen.
Die Kosten des Verfahrens und die notwendigen Auslagen des Angeklagten fallen der Landeskasse zur Last.

Gründe

Der Angeklagte soll – so die Anklage – einen Diebstahl (§§ 242, 248a StGB) begangen haben. In dem Strafbefehl, den der Angeklagte angefochten hat, heißt es dazu:

„Am 22. Februar 2002 hielten Sie sich gegen 11.00 Uhr im Hausflur Ihres Wohnhauses in Berlin-Charlottenburg auf. Dort entwendeten Sie aus dem Briefkasten des Zeugen Schneider eine Briefsendung: Inhalt des Briefes war ein Buch im Wert von 38 DM."

Der Vorwurf stützt sich auf Anzeige und Aussage des „Imageberaters" Siegfried Holz. Der Angeklagte hat ihn bestritten. Holz ist natürlich auch als Zeuge vernommen worden. Was er gesagt hat, hört sich zunächst einmal glatt und plausibel an. Danach hat er aus seinem Fenster im ersten Stock des Hinterhauses den Angeklagten beobachtet, wie der an den Briefkästen gestanden habe. Der Angeklagte habe dann einen großen Briefumschlag aus dem Briefkasten des Klaus Schneider genommen, den Umschlag aufgerissen, ein Buch herausgeholt und in seinen, des Angeklagten, Briefkasten gesteckt. Mit dem Briefumschlag in der Hand habe der Angeklagte dann das Haus verlassen. Er, der

Zeuge, habe sich ganz schnell angezogen, sei die Treppe hinunter auf die Straße gelaufen und dort habe er dann gesehen, wie der Angeklagte den Briefumschlag in den öffentlichen Müllbehälter am Mommseneck geworfen habe. Er, Holz, sei dann in seine Wohnung zurückgekehrt.

Dies alles habe sich gegen Mittag abgespielt. Ein paar Stunden später sei er, Holz, wieder auf die Straße gegangen und habe in dem öffentlichen Müllbehälter den Briefumschlag gefunden und mit diesem Beweismittel in der Hand habe er sodann Schneider benachrichtigt und dann sei die Polizei gerufen worden. Er habe der Polizei alles geschildert, und die Polizei habe dann in dem Briefkasten des Angeklagten das Buch gefunden.

Wie gesagt, das hat sich im „ersten Durchgang" ganz plausibel angehört, beim weiteren Hineinhören in die Ausführungen des Zeugen und in den Zeugen selbst stellten sich jedoch mehr und mehr Zweifel an der Glaubwürdigkeit des Zeugen ein wie folgt:

Warum, wenn er denn schon gleich gesehen hatte, daß der Angeklagte den Briefumschlag aus Schneiders Briefkasten genommen hat – ein Umstand, der im übrigen wegen der Entfernungen schon zweifelhaft ist – warum also hat er nicht gleich Schneider benachrichtigt. Warum, so muß man weiter fragen, warum hat er nicht, wenn er den Angeklagten schon an den öffentlichen Müllbehältern noch erwischt hat – ein Umstand, der wegen seiner Schnelligkeit schon auch bemerkenswert ist – den Briefumschlag gleich an sich genommen. Der Vorfall soll sich gegen Mittag abgespielt haben, der Zeuge will sich aber nach seiner Beobachtung wieder entfernt und den Briefumschlag erst vier, fünf Stunden später aus dem Müllbehälter gefischt haben. Was der Zeuge dafür als Grund angegeben hat – ihm sei es unangenehm gewesen, am hellichten Tag in den Behälter zu fassen und so sei er erst bei Dunkelheit wiedergekommen – klingt denn doch sehr merkwürdig. Da hätte der Behälter schon geleert sein können und weiter: Der Umschlag, der nun also da Stunden in dem Behälter gewesen sein muß, hat, wie der Augenschein ergibt, keinerlei Spuren von

– 20 –

Verschmutzung. Da muß es also so gewesen sein, daß niemand in der recht belebten Straße weiteren Abfall in den Behälter auf den Umschlag geworfen hat. Und was das gestohlene Buch in des Angeklagten Briefkasten angeht, das hätte ja in der Zwischenzeit vom Angeklagten aus dem Briefkasten genommen worden sein können, womit die Entlarvung des Angeklagten ja hätte völlig mißlingen können. Und noch weiter, worauf die Verteidigerin besonders hingewiesen hat, ist es sehr sehr merkwürdig, daß, wie sich aus den Untersuchungen der Spurensicherung ergeben hat, weder auf Umschlag noch auf Buch irgendein Fingerabdruck gefunden worden ist. Und schließlich – aber nicht ganz zuletzt – muß denn zur Glaubwürdigkeit des Zeugen noch auf den unangenehmen Eindruck hingewiesen werden, den der Zeuge in Bezug auf seine Einstellung zu dem Angeklagten hinterlassen hat. Es scheint so, daß der Angeklagte in dem Haus dort, in dem nach den Worten des Zeugen harmonische Hausgemeinschaft höchstes Ziel aller Bewohner ist, sich da verweigere, was wohl vor allem damit zu tun hat, daß der Angeklagte im Gegensatz zu den anderen Bewohnern ein Habenichts und sozialer Blindgänger ist. Und Aids soll der Angeklagte auch noch haben. So etwas, so der schlechte Eindruck, wird man dort gern los.

Mit all diesem ist nicht gesagt, daß nun ein Verfahren gegen den Zeugen wegen falscher Aussage einzuleiten ist. Es ist vielmehr so, daß hier Aussage gegen Aussage in dem klassischen Sinne steht, daß die Zeugenaussage nicht von der Qualität ist, die den bestreitenden Angeklagten mit der für eine Verurteilung erforderlichen Sicherheit der Straftat überführt.

Die Kostenfolge des Freispruchs ergibt sich aus § 467 Abs. 1 StPO.

Warastädt

Amtsgericht Tiergarten

Im Namen des Volkes

Die Angeklagten werden wegen Beleidigung und wegen Beleidigung und zugleich damit begangener versuchter Nötigung – Peter Seidenweber auch noch zugleich begangen mit Körperverletzung – zu Gesamtfreiheitsstrafen verurteilt, und zwar Karsten Seidenweber und Uwe Seidenweber zu je einem Monat zwei Wochen,
Peter Seidenweber zu zwei Monaten.
Die Vollstreckung der Strafen wird zur Bewährung ausgesetzt.
Die Angeklagten haben die Kosten des Verfahrens zu tragen.
§§ 185, 223, 240, 22, 52, 53 StGB

Gründe

Die drei Angeklagten sind Brüder, Anhänger ihres lokalen sächsischen Fußballvereins. Spielt der, wie es so schön heißt, auswärts, fahren sie mit und machen sich einen, wie sie es wohl nennen, schönen Tag. Dazu gehört nicht nur das Fußballspiel, sondern auch und vielleicht vor allem Biertrinken zur Herstellung von Fröhlichkeit. Am 20. Dezember 1995 erschienen die Brüder sehr erheblich angetrunken am Berliner Olympiastadion zum Spiel gegen Hertha BSC. Der Berliner Verein ist aus Schaden einigermaßen klug geworden, er läßt zu stark angetrunkene Leute nicht mehr ins Stadion. Und so wurden die drei Angeklagten abgewiesen. Das erregte sie, sie haben, so sagen sie, überall getrunken, in Rostock und Hannover, da werde in den Stadien sogar Bier verkauft, überall seien sie hereingelassen worden, obwohl sie gewiß nicht nüchterner gewesen seien. In ihrer Erregung riefen sie den Ordnern einige Beschimpfungen zu (Ordnerschwein, Scheißordner ...), ließen sich dann aber von den Ordnern mit den Worten wegschicken, sie sollten erst einmal etwas Kaffee trinken, dann werde man weitersehen.

Die Angeklagten tranken folgsam Kaffee und erschienen dann wieder. Auch diesmal wurden sie abgewiesen. Das erregte sie nun noch mehr. Unter Schimpfwörtern versuchten sie mit Drängen und Schubsen, sich den Einlaß gewaltsam zu verschaffen, Peter holte sogar schon zum Schlagen aus, der Ordner Lars Bullich wurde am Kinn getroffen. Durch das Einschreiten der Polizei wurde dem Treiben dann ein Ende gesetzt.

Dieser Sachverhalt hat sich in der Hauptverhandlung in den wesentlichen Teilen aus den Angaben des Lars Bullich und dessen Kollegen Jörg Lehmann ergeben, die Angeklagten haben ihn eigentlich gar nicht so recht bestritten. In dem Sachverhalt liegen im ersten Teil Beleidigungen, strafbar nach § 185 StGB, und im zweiten Teil zugleich Beleidigungen und versuchte Nötigungen, strafbar nach §§ 185, 240, 22, 52 StGB, und bei Peter zugleich auch noch Körperverletzung, strafbar nach § 223 StGB.

Um die Angeklagten von weiteren Straftaten abzuhalten, erhalten sie Freiheitsstrafe, allerdings, weil sie bisher noch nicht vorm Strafrichter gestanden haben, nur kurze Freiheitsstrafe. Karsten und Uwe erhalten je einen Monat für den ersten Teil und auch für den zweiten Teil, zusammen indessen nur die Gesamtfreiheitsstrafe von einem Monat zwei Wochen. Peter, der schon durch einen Strafbefehl bestraft werden mußte und der zudem noch den Faustschlag getan hat, erhält für den ersten Teil auch einen Monat, für den zweiten Teil aber einen Monat zwei Wochen, woraus sich dann für ihn insgesamt die Gesamtfreiheitsstrafe von zwei Monaten ergibt.

Benehmen sich die Angeklagten demnächst so gut wie sie in der Hauptverhandlung versprochen haben, können ihnen nach zwei Jahren die Strafen erlassen werden. Man nennt das Strafaussetzung zur Bewährung. Die Angeklagten haben das verstanden. Sie sind von Natur aus gemütvolle Sachsen, und so waren sie ja auch, als man das verlangte, zum Kaffeetrinken gegangen, und so haben sie in der Hauptverhandlung auch alles in allem einen recht sympathischen Eindruck hinterlassen.

Die Kostenentscheidung beruht auf § 465 StPO.

Amtsgericht Tiergarten

Im Namen des Volkes

Der Angeklagte wird wegen Beleidigung zu einer Freiheitsstrafe von einem Monat verurteilt.
Er hat auch die Kosten des Verfahrens zu tragen.
§ 185

Gründe

Der Angeklagte parkte am Nachmittag des 10. August 1998 sein Auto in der Hauptstraße in Berlin-Schöneberg auf der Busspur und schaltete dazu auch noch die „Warnblinkleuchten" ein. Als die beiden Polizeiangestellten im Verkehrsüberwachungsdienst („PangVüds") Barbara Kaiser-Schulz und Helga Bauer wegen dieses ordnungswidrigen Zustands das Kennzeichen des Autos notierten, kam der Angeklagte und ließ sich mit den beiden Frauen in ein solches Streitgespräch ein, daß die Frauen die zufällig vorbeikommende Polizeistreife – Polizeiobermeister Berger und Polizeimeisterin Dinah Sentürk – herbeiwinkten. Kaum daß die Polizeimeisterin in den Streit eingriff, wurde sie vom Angeklagten auch schon rüde abgefertigt, sie habe ihm gar nichts zu sagen, Türkin, die sie sei.

Dieser Sachverhalt hat sich in der Hauptverhandlung aus den glaubhaften Angaben des Polizeiobermeisters Berger und vor allem der beiden „PangVüds" ergeben. Er ist als Beleidigung (§ 185 StGB) zu werten. Der Ausdruck „Türkin" ist vom Angeklagten ganz klar als Herabsetzung gemeint, durch den sich die

Polizeimeisterin zu Recht beleidigt fühlte. Und im übrigen macht natürlich der Ton die Musik, und der war nach den Aussagen aller Zeugen ganz eindeutig so, daß der Angeklagte die Polizeimeisterin seine Mißachtung spüren lassen wollte.

An sich kein riesiger Vorgang, aber der Angeklagte erhält für ihn doch Freiheitsstrafe. Zwar nur den einen Monat, aber den ohne Strafaussetzung zur Bewährung. Der Angeklagte ist ein Kurde aus dem Libanon, der hier im Alltagsleben gewiß, das hat er in der Hauptverhandlung plausibel durchblicken lassen, nicht immer, wenn überhaupt je, mit Respekt behandelt wird. Das ist bedauerlich, aber immerhin darf er sich hier in fremdem Land mit seiner Familie aufhalten, bekommt, wie er vorgetragen hat, von seinem Gastgeberland Unterstützung zum Lebensunterhalt, jedenfalls so reichlich, daß er sich ein Auto leisten kann. Da kann von ihm jedenfalls anständiges Verhalten verlangt werden. An diesem anständigen Verhalten hat er es indessen schon des öfteren fehlen lassen. In seiner Strafliste befinden sich schon fünf Eintragungen. Nach vier Geldstrafen, u. a. auch wegen Beleidigung und Körperverletzung, wurde er im Mai 1997 sogar schon zu einer Freiheitsstrafe von drei Monaten verurteilt. In die ihm damals eingeräumte Strafaussetzung zur Bewährung fällt die neue Straftat, so daß es nötig ist, den Angeklagten jetzt einmal nachdrücklich und unmißverständlich zur Ordnung zu rufen. Aus der Hauptverhandlung ist schließlich noch festzuhalten, daß sich der Angeklagte völlig uneinsichtig gezeigt hat und die beiden Zeuginnen seine unverhohlene Abneigung in unangenehmer Weise hat spüren lassen.

Die Kostenentscheidung beruht auf § 465 StPO.

Warastädt

Amtsgericht Tiergarten

Im Namen des Volkes

Der Angeklagte wird wegen Verstoßes gegen das Ausländergesetz zu einer
Geldstrafe von siebenunddreißig Tagessätzen zu je zehn DM verurteilt.
Er hat auch die Kosten des Verfahrens zu tragen.
§ 92 Abs. 1 Nr. 1 AuslG

Gründe

Der Angeklagte ist Albaner aus dem Gebiet Kosovo in Serbien. Da die Albaner dort verfolgt werden, hat er sein Land verlassen. Seit März 1993 ist er in Deutschland. Sein Aufenthalt wird hier „geduldet" (§ 56 Ausländergesetz). Die „Duldung" untersagt ihm jedoch eine „selbständige oder vergleichbare unselbständige Erwerbstätigkeit". Verstößt er gegen dieses Verbot, macht er sich nach § 92 Abs. 1 Nr. 3 des Ausländergesetzes strafbar. Am 8. November 1993 hat er das getan. In der Hauptverhandlung hat der Polizeihauptmeister Bernhard Bergmann glaubhaft bekundet, daß der Angeklagte an jenem Tag „Anreißer" bei einem „Hütchenspiel" auf dem Bürgersteig vor dem Haus Kurfürstendamm 220 war. Da der Angeklagte nun 37 Tage in Untersuchungshaft war, erhält er für seine Straftat 37 Tage Strafe, damit die Sache nun endlich erledigt ist.

Die Sache hätte schon längst erledigt sein müssen, man hätte den Angeklagten, wenn man auch nur ein wenig vernünftiger den Strafprozeß führte, nach seiner Festnahme gar nicht erst wieder gehenlassen dürfen, bevor sein Verfahren abgeschlossen ist, was in wenigen Tagen hätte geschehen können, allerdings auch müssen. Daß nur das vernünftig ist, sieht selbst ein so einfacher Junge wie der Angeklagte. Er sagte bei seiner Verhaftung acht Monate nach der Tat – nach seiner Freilassung war er erst mal nicht mehr greifbar – dem Haftrichter: „Ich dachte, die Sache sei erledigt, man hat mich doch wieder freigelassen!" So denkt nicht nur er, so denkt das ganze Volk, und recht haben beide. Nur die, die für die Gestaltung unserer Strafverfahren verantwortlich zeichnen, sehen das entweder anders oder gar nicht.

Noch etwas sei erwähnt: In diesem Prozeß und in anderen ähnlichen Prozessen gibt zu denken, daß man hier so junge Männer wie den Angeklagten jahrelang rumsitzen läßt. Das kann zu nichts Gutem führen. „Arbeiten nicht gestattet" wird in vielen Fällen heißen Herumlungern und Kriminellwerden. Da ist doch auch etwas faul.

Die Kostenentscheidung beruht auf § 465 StPO.

Warnstädt

Amtsgericht Tiergarten

Im Namen des Volkes

Der Angeklagte wird wegen Beleidigung und wegen Sachbeschädigung zu einer
Gesamtfreiheitsstrafe von zwei Monaten
verurteilt.
Die Vollstreckung der Strafe wird zur Bewährung ausgesetzt.
Der Angeklagte hat die Kosten des Verfahrens zu tragen.
§§ 185, 303, 53 StGB

Gründe

Der 28jährige Angeklagte wohnt in einem Plattenbau in Berlin-Marzahn. Die Wände sind dünn, und wenn man nicht besonders rücksichtsvoll ist, stört man die Nachbarn durch Geräusche. Der Angeklagte ist nicht besonders rücksichtsvoll, vielmehr sogar recht rücksichtslos. Er läßt sein Fernsehgerät mit großer Lautstärke laufen, so daß seine Nachbarn, der 1931 geborene Rentner Jürgen Stein und die 1942 geborene Helga Sanft, sich durch ihn regelrecht terrorisiert fühlen. Wird es gar zu arg, so nehmen Stein und Sanft einen Hammer und klopfen damit gegen die Wand, was allerdings den Angeklagten nicht dämpft, sondern angriffslustig macht. Dies ist der Hintergrund zu den beiden Straftaten des vorliegenden Verfahrens, er hat sich aus der glaubhaften Aussage der Helga Sanft ergeben, während sich die beiden Straftaten aus der glaubhaften Aussage des Jürgen Stein ergeben haben, wie folgt:

Am 6. Januar 1996 traf der Angeklagte im Fahrstuhl auf Stein.

Der Angeklagte sagte zu Stein: „Arschloch, miese Ratte, Drecksau." Am 7. Februar 1996 trat der Angeklagte mehrmals mit dem Fuß gegen die Wohnungstür seiner Nachbarn Stein/Sanft, wodurch das Türschloß teilweise herausbrach und das Schließblech verbogen wurde.

Der Angeklagte hat die beiden Straftaten – Beleidigung nach § 185 StGB und Sachbeschädigung nach § 303 StGB – in der Hauptverhandlung bestritten. Er hat sich darauf berufen, daß seine Mutter bezeugen könne, daß er an den fraglichen Tagen jedenfalls zu den angeblichen Tatzeiten – 14.15 Uhr am 6. Januar, 13 Uhr am 7. Februar – gar nicht zu Hause gewesen sei. Die Mutter Grete Zimmich hat das auch brav als Zeugin in der Hauptverhandlung bestätigt, aber es war ganz offenbar, daß sie alles gesagt hätte, was ihr Sohn nur immer wünschte. Allerdings glaubt sie fest daran, daß sie zu den bewußten Zeiten mit ihrem Sohn einkaufen war.

Der Angeklagte selbst hat sich in der Hauptverhandlung als die gekränkte Harmlosigkeit darzustellen versucht, vergeblich, vielmehr ist leider das richtig, was Sanft und Stein in der Hauptverhandlung gesagt haben.

Dem Angeklagten ist mit Geldstrafen wie noch im vorhergehenden Verfahren – Angeklagter trat am 25. Mai 1995 die Wohnungstür Stein/Sanft ein und erhielt dafür zehn Tagessätze – nicht mehr beizukommen. Er erhält daher jetzt Freiheitsstrafe, für jeden Fall einen Monat zwei Wochen, für beide Fälle zusammen die Gesamtfreiheitsstrafe von zwei Monaten. Benimmt er sich demnächst anständig, muß er nicht ins Gefängnis, setzt er sein Verhalten fort, kommt er hinein.

Die Kostenentscheidung beruht auf § 465 StPO.

Warastadt

Amtsgericht Tiergarten

Im Namen des Volkes

Der Angeklagte wird wegen fahrlässigen Vollrausches zu einer Freiheitsstrafe von sechs Monaten
verurteilt.
Die Vollstreckung der Strafe wird zur Bewährung ausgesetzt.
Der Angeklagte hat die Kosten des Verfahrens zu tragen.
§ 323a StGB

Gründe

Am Nachmittag des 25. Juni 1998 – Tag des Fußballänderspiels Deutschland-Iran in Frankreich – traf der Angeklagte in der Kneipe „Die Klappe" in der Naugarder Straße in Berlin-Prenzlauer Berg einige „Kumpel", und es entstand dann vermöge Trinkens, das ins Saufen überging, eine bestimmte Art von Fröhlichkeit. Daran beteiligten sich auch zwei Frauen, darunter die in der Nachbarschaft wohnende Sabine Nuschke, geboren am 2. März 1962 in Querfurt, Sprechwissenschaftlerin, die nach ihren Worten eigentlich nur gekommen war, um sich mit einem Schuldner zu treffen und einen Kaffee zu trinken, die die Wartezeit aber nun dazu nutzte, an der fröhlichen Runde teilzuhaben und mitzutrinken. Es wurde bald auch getanzt, wobei die Fröhlichkeit indessen, wenn auch immer nur kurz, so doch auch immer häufiger unterbrochen wurde durch Sichübergeben. Besonders beim Angeklagten wich die Fröhlichkeit bald einem elenden Befinden. Ihm wurde schlecht, er übergab sich mehrmals, volltrunken schließlich lag er auf der Straße in der prallen Sonne, ein Haufen Elend.

Sabine Nuschke dauerte dieser Zustand des Angeklagten einerseits, sie wollte ihm helfen, „komatös" lag er da, sagt sie. Da ihr andererseits aber auch nicht entgangen sein konnte, daß es sich bei dem Angeklagten um einen nicht übel aussehenden jungen Mann handelt, entschloß sie sich, ihn mit sich nach Hause zu nehmen. Man torkelte zu ihr. Was dort dann allerdings geschah, darüber gehen die Angaben des Angeklagten und der als Zeugin vernommenen Sabine N. auseinander.

Der Angeklagte hat in der Hauptverhandlung gesagt, seine erste Erinnerung nach seinem Zusammenbruch auf der Straße sei, daß er sich nackend im fremden Bett und daß sich Sabine N., auch nackend, in seiner Nähe befunden habe. Sie sei dann zu ihm ins Bett gekommen, habe sich angeschmiegt. Er habe versucht, mit Sabine N. den Geschlechtsverkehr durchzuführen, soweit es in seinem elenden Zustand eben ging, denn übergeben mußte er sich ja schließlich ab und zu auch noch. Mit dem „sog. Vaginalverkehr" sei im Grunde alles reibungslos verlaufen, den „sog. Analverkehr" habe Sabine N. jedoch nicht so richtig gewollt, das müsse er zugeben, da habe er etwas kräftiger zupacken müssen. Schließlich und endlich sei es aber zum Oralverkehr gekommen und zur Handbefriedigung, dies nun wieder völlig einverständlich.

Sabine N. hat gesagt, der Angeklagte sei plötzlich zu sich gekommen und habe ihr den „Slip" heruntergerissen. Er müsse gespürt haben, daß sie mit ihm überhaupt keinen Geschlechtsverkehr gewollt habe, weder diesen noch jenen, er habe sich schließlich durchgesetzt, nicht einmal das Kondom, das sie ihm angeboten habe, akzeptiert.

Nun, Sabine N. ist zuzugeben, daß sie mit dem betrunkenen Angeklagten wohl denn doch nicht, jedenfalls nicht so, Verkehr haben wollte, aber dem Angeklagten ist zugute zu halten, daß er – jedenfalls ist das nicht auszuschließen – volltrunken war, so daß er einerseits die Abneigung der Frau nicht so empfunden hat und andererseits für die in seinem Verhalten liegende sexuelle

Nötigung nur über § 323a StGB zur Verantwortung gezogen werden kann. Was von der Staatsanwältin dazu in der Hauptverhandlung gesagt worden ist, vor allem, es könne schon deshalb nicht von Volltrunkenheit die Rede sein, weil der Angeklagte schließlich und endlich ja denn doch noch sexuell zur Befriedigung gelangt sei, war nicht durchschlagend sachkundig.

Dem Vorfall ist die sechsmonatige Freiheitsstrafe mit Strafaussetzung zur Bewährung angemessen. Alles andere wäre übertrieben. Freiheitsstrafe muß sich der Angeklagte aber zur Abschreckung gefallen lassen, zumal in seinem Strafregister schon zwei Geldstrafen stehen, allerdings aus dem Bereich des Straßenverkehrs.

Die Kostenentscheidung beruht auf § 465 StPO.

Amtsgericht Tiergarten

Im Namen des Volkes

Der Angeklagte wird
freigesprochen
Die Kosten des Verfahrens und die etwaigen notwendigen Auslagen des Angeklagten fallen der Landeskasse zur Last.

Gründe

Dem Angeklagten wird Bestechung (§ 334 StGB) einer Staatsanwältin vorgeworfen. In der Hauptverhandlung hat sich aus der glaubhaften Aussage der Staatsanwältin dazu ergeben: Der Angeklagte, dem der Führerschein einstweilen entzogen worden war, erschien am 20. März 1996 bei der Staatsanwältin in deren Dienstzimmer und versuchte, sie dazu zu bringen, ihm den Führerschein wieder auszuhändigen. Der Angeklagte ließ die Staatsanwältin dabei in seiner Hand einen Ring sehen und machte sie außerdem darauf aufmerksam, daß dies ein seiner Meinung nach wertvoller Gegenstand sei. Die Staatsanwältin befürchtete zu Recht, daß der Angeklagte auf dem Wege war, ihr den Ring für die Herausgabe des Führerscheins anzubieten, zumal der Angeklagte den Ring verschwinden ließ, als ein anderer Staatsanwalt kurz in ihrem Zimmer erschien, den Ring danach aber wieder sehen ließ. Die Staatsanwältin sagte nun zu dem Angeklagten: „Machen Sie jetzt keinen Fehler, überlegen Sie genau, was Sie tun. So etwas ist in diesem Land eine Straftat, und zwar keine geringe!" Der Angeklagte, der aus einem Land stammt, wo Bestechung gang und gäbe ist (bei uns hier soll es ja noch die Ausnahme sein), verstand sofort, ließ den Ring verschwinden und sagte, daß er die Staatsanwältin nicht habe beleidigen wollen.

Die Staatsanwältin hat ihre wohlabgewogenen Worte sofort nach dem Vorfall genau aufgeschrieben und hat sie so auch wörtlich und eindrucksvoll in der Hauptverhandlung wiederholt. Hört man ihnen genau zu, so ergibt sich die hoffentlich für Moabiter „Normalverhältnisse" nicht zu feine Nuance, daß sie genau erkennen lassen, daß der Angeklagte wohl gerade zum Straftatbestand ansetzte, durch die Staatsanwältin aber gerade noch rechtzeitig davon abgehalten wurde, die feine Trennungslinie zu überschreiten.

Die Kostenfolge des Freispruchs ergibt sich aus § 467 Abs. 1 StPO.

Amtsgericht Tiergarten

Im Namen des Volkes

Der Angeklagte wird wegen Diebstahls zu einer Freiheitsstrafe von einem Jahr und vier Monaten verurteilt.
Die Vollstreckung der Strafe wird zur Bewährung ausgesetzt.
Der Angeklagte hat die Kosten des Verfahrens zu tragen.
§ 242 StGB

Gründe

Der Angeklagte, damals Postassistentenanwärter, hatte am 13. September 1995 Schalterdienst in einem Postamt in Berlin-Friedenau. An seinem Schalter sammelte sich das ganze Geld des Postamts, an jenem Tag waren es fast 600 000 DM. Zum Dienstschluß steckte der Angeklagte alles in eine große Tasche und verschwand. In den nächsten Monaten fuhr er kreuz und quer durch Deutschland und gab das Geld mit vollen Händen aus, wohnte in teuren Hotels in Hamburg, Dresden, München, auf Sylt, fuhr, etwa von Hamburg nach Berlin, mit dem Taxi, spielte in Spielcasinos und Spielhöllen. Als er Anfang 1996 inhaftiert wurde, hatte er nach eigenen Angaben noch 100 000 DM. Jedenfalls lieferte Rechtsanwalt Zuriel, der Verteidiger des Angeklagten, dieses Geld als Restbestand im Auftrag des Angeklagten an die Justizkasse ab.

Dieser Sachverhalt, der als Diebstahl nach § 242 StGB strafbar ist, beruht auf den Angaben des Angeklagten.

Daß der Angeklagte, obwohl ohne Vorstrafen, eine kräftige Strafe erhalten muß, ist klar. Er erhält also eine Freiheitsstrafe. Da er nun aber vier Monate im Gefängnis gesessen hat, soll erst mal Schluß sein. Die Vollstreckung des Strafrests von einem Jahr wird also zur Bewährung ausgesetzt. Eine Vollstreckung auch dieses Rests, wie die Staatsanwältin es wollte, bringt nichts. Der Angeklagte ist mit seiner Tat spontan völlig aus der Rolle gefallen. Er sah, wie er in der Hauptverhandlung glaubhaft gesagt hat, keine Zukunft bei der Post, sollte nicht übernommen werden, hätte dann seine Postwohnung auch verloren, wollte alles hinter sich lassen und mit dem Geld ganz neu beginnen. Daß das alles natürlich falsch war, ist ihm in den vier Monaten klargeworden, mehr ist durch weiteres Gefängnis da nicht rauszuholen. Jetzt muß der Angeklagte zurück ins für ihn doch recht unerfreuliche Leben.

Die Kostenentscheidung beruht auf § 465 StPO.

Amtsgericht Tiergarten

Im Namen des Volkes

Die Angeklagte wird wegen versuchten gemeinschaftlichen Raubes und zugleich damit begangener gefährlicher Körperverletzung zu einer
Freiheitsstrafe von zwei Jahren und sechs Monaten
verurteilt.
Sie hat auch die Kosten des Verfahrens zu tragen.
§§ 249, 223, 223a, 22, 25 Abs. 2, § 52 StGB

Gründe

Die Angeklagte, so hat sie selbst in der Hauptverhandlung gesagt, hat in ihren 22 Lebensjahren schon viele Trickdiebstähle begangen. Sie versucht, dadurch in eine Wohnung zu gelangen, daß sie um Wasser bittet. Wird sie in die Wohnung hineingebeten, läßt sie die Wohnungstür ein bißchen offen. So kann ihre Mittäterin in die Wohnung hineinschlüpfen und die Wohnung durchsuchen, während sie selbst den Wohnungsinhaber ablenkt. Es versteht sich, daß Opfer dieses Tricks vor allem ältere Leute sind. Am 23. April 1997 wollte die Angeklagte wieder so vorgehen, und zwar gemeinsam mit der am 17. September 1978 geborenen Elvira Rastmann, die, nebenbei bemerkt, ihren eigenen Prozeß gehabt hat, weil die Justiz offenbar so viel Zeit, Kraft und Geld hat, daß ihr ein Prozeß in dieser Sache nicht genug gewesen wäre. Die beiden Frauen also – die fast 19jährige Elvira R. kann und muß man ja trotz ihrer Zuordnung zum Jugendrichter auch so bezeichnen – suchten sich als Opfer die Helene Holzert aus. Helene Holzert, geboren am 8. September 1911, also 85 Jahre alt, wollte gerade ihre Wohnung in Berlin-Reinickendorf verlassen, um zum Friseur zu gehen. Da wurde sie von der Elvira R. in die Wohnung zurückgedrängt, auf die Erde geworfen und festgehalten. Währenddessen schlüpfte die Angeklagte in die Wohnung und durchsuchte sie. Sie ließ sich dabei auch durch die Schreie der alten Frau Holzert nicht stören. Deren Schreie waren Hilfeschreie, aber zugleich auch Schmerzensschreie, wobei Frau Holzert nicht nur von dem Niederwerfen Schmerzen hatte, sondern auch davon, daß sie am Schreien gehindert werden sollte. So wurden ihr die Finger in den Mund gesteckt, dabei gingen die Zähne kaputt, und wurde sie an Hals und Gaumen so verletzt, daß sie drei Wochen Beschwerden beim Schlucken und beim Essen hatte. Das Geschehen ging so zu Ende, daß die Schreie der Frau Holzert von den Nachbarinnen gehört wurden und diese auch nicht mehr ganz jungen Frauen beherzt herbeieilten. Auf das Klopfen der Wally Christeck ließ Elvira R. von Frau Holzert ab und öffnete die Tür. Wahrscheinlich wollte sie fliehen. Frau Christeck, aus Pommern stammend, aber hielt die Tür zu. Mittlerweile war die Angeklagte aus dem Fenster gesprungen, drei oder vier Etagen hinunter. Sie überlebte und ist heute dank einer Operation im Virchow-Krankenhaus so gut es geht wiederhergestellt.

Dieser wirklich unangenehme Sachverhalt hat sich in der Hauptverhandlung zum größten Teil schon aus den Angaben der Angeklagten ergeben, das volle Bild stellte sich durch die Aussagen Frau Holzerts und Frau Christecks ein.

Die Angeklagte wird wegen versuchten gemeinschaftlichen Raubes und zugleich damit begangener gefährlicher Körperverletzung verurteilt (§§ 249, 223, 223a, 22, 25 Abs. 2, § 52 StGB). Daß sie an der Körperverletzung wohl nicht direkt teilnahm, ist belanglos, sie muß sich das zurechnen lassen. Abweichend von der Anklage wird allerdings nur versuchter Raub angenommen und auch nicht Raub mit Waffen. Was den Versuch angeht, bedarf es nur der Bemerkung, daß die beiden Täterinnen die in alter Juristenliteratur so genannte vorläufige ruhige Sachherrschaft an dem Stehlgut ja noch nicht hatten. Was die Waffe angeht, so hatte die

– 39 –

Angeklagte schon nach ihren eigenen Worten zwar ein sogenanntes Elektroschockgerät bei sich, setzte es aber nicht ein und wollte es angeblich auch nicht einsetzen, jedenfalls hat das Gegenteil davon in der Hauptverhandlung nicht festgestellt werden können. Frau Holzert hat dazu nichts sagen können. Die Elvira R. hat allerdings bei ihrer polizeilichen Vernehmung gesagt, die Angeklagte habe Frau Holzert mit dem Elektroschockgerät malträtiert. Elvira R. ist jedoch nicht mehr greifbar, zwei Wochen nach der Tat ist sie entlassen worden.

Auch ohne Waffe und obwohl nur Versuch ist der Vorfall kein Vorfall unter vielen, sondern eine schwere Straftat. Trotz Geständnisses der Angeklagten und Reue und Bedauern und schwerer Verletzung der Angeklagten und dem Glück, das Frau Holzert hatte, daß sie den Vorfall einigermaßen glimpflich überstanden hat – Frau Holzert hätte ohne weiteres schwer verletzt werden, sogar zu Tode kommen können –, kann die Angeklagte mit weniger als den zweieinhalb Jahren nicht davonkommen.

Die Kostenentscheidung beruht auf § 465 StPO.

Warastädt

Amtsgericht Tiergarten

Im Namen des Volkes

Der Angeklagte wird wegen Betruges in acht Fällen zu einer Gesamtfreiheitsstrafe von acht Monaten
verurteilt.
Die Vollstreckung der Strafe wird zur Bewährung ausgesetzt.
Der Angeklagte hat die Kosten des Verfahrens zu tragen.
§§ 263, 53 StGB

Gründe

Da gibt es in Paraguay einen gewissen Erpel, der dort über größeren Landbesitz verfügen soll. Das Land soll bereits seit längerem versilbert werden. Schon in den 80er Jahren gab dieser Erpel dem Angeklagten Sonnenlicht den Auftrag, das Land in Deutschland zu verkaufen, ohne Erfolg, niemand wollte das Land haben. Etwas später gedachten Erpel und Sonnenlicht und vielleicht auch noch einige andere ihr Ziel dadurch zu erreichen, daß sie eine Gesellschaft gründeten und dieser Gesellschaft das Land verkauften. Die Gesellschaft nannte sich nach den von Sonnenlicht unwidersprochenen Ausführungen des Staatsanwalts „Animalica" und sollte – so wurde jedenfalls gesagt – auf jenem Land vom Aussterben bedrohte Tiere ansiedeln. Aus der Sache wurde wieder nichts, warum, ist in der Hauptverhandlung nicht näher untersucht worden, kann man sich aber leicht denken.

Im vorliegenden Verfahren geht es um den dritten Versuch. Ende 1990 gründeten jener Erpel und ein gewisser Bayer, von dem der Staatsanwalt vieldeutig sagt, er werde „gesondert verfolgt", und der Angeklagte Sonnenlicht die „Gran-Pampa Tour AG". Diese Gesellschaft – der Sitz sollte bezeichnenderweise in Vaduz/ Liechtenstein sein – sollte Erpels Land in Paraguay für 3,6 Millionen DM kaufen. Keine Frage, daß man dafür Geld braucht. Die „Herren" kamen auf die Idee, man werbe „Anleger", die bezahlen jeder erschwingliche 6 000 DM, und man sage denen, als „Anleger" bekämen sie nicht nur später Gewinne, sondern jetzt schon bald Arbeit, Wohnung, Lebensunterhalt von der Gesellschaft, die nämlich dort in Paraguay ein Touristenzentrum aufbauen werde. Wer glaubt so etwas? Wer fragt nicht nach, wieviel flüssiges Kapital denn vorhanden sei, um erst einmal mit einem solchen Projekt überhaupt anfangen zu können? Die Antwort jener Herren lautete: „Ossis", Leute aus den sogenannten neuen Bundesländern, Leute, von denen man annahm, daß sie zwar gerade gelernt hatten, daß man der verflossenen Obrigkeit nicht alles habe glauben dürfen, die aber nur zu gern bereit waren, nun einer neuen Obrigkeit, nämlich Geschäftsleuten aus dem Westen, Glauben zu schenken, und die, nachdem ihre bisherigen Lebensverhältnisse ins Wanken zu geraten schienen, genau nach dem Ausschau hielten, was die „Gran-Pampa Tour AG" ihnen versprach. Am 7. Januar 1991 veröffentlichte die Gesellschaft im „Neuen Deutschland" folgende Anzeige:

„Arbeiten in Südamerika.

Wer möchte sich an dem Aufbau einer im Westernstil geführten deutschen Urlaubersiedlung oder an unserer Pferde- und Rinderfarm, gelegen in Paraguay in romantischer Ur-Wildnis, aktiv beteiligen!? Geboten wird ein Mindestgehalt von 1 400 DM, eine jährliche Gewinnbeteiligung und Erwerb einer preisgünstigen Eigentumswohnung und Grundstück auf Mietkaufbasis ..."

Man sieht, das war genau auf die Bevölkerung der sogenannten neuen Bundesländer zugeschnitten, Arbeit, Wohnung, Lebensunterhalt, und das sogar noch in einem Weltteil, von dem sie zwar wenig Ahnung hatten, der aber zum Träumen einzuladen schien.

Die Sache kam nicht recht in Schwung, aber einige Leute zahlten doch, es sind dies die in der Anklage aufgeführten Personen,

Wilfried Relsberg aus Strausberg, Corinna Wadnow aus Schwedt/ Oder, Jens Richter aus Wurzen, Olaf Schneider aus Döbeln, Eheleute Holger und Monika Zerbel aus Arnstadt, Norbert Welschmann aus Halberstadt, Reiner Zweitke aus Hagenow und Sonja Eckert aus Wiesenburg.

Der Sachverhalt hat sich in der Hauptverhandlung im wesentlichen schon aus den Angaben des Angeklagten Sonnenlicht ergeben. Sonnenlicht hat natürlich gesagt, eigentlich habe er daran geglaubt, daß aus der Sache etwas werde, jedoch hat er schließlich eingeräumt, daß jedenfalls in überschaubarer Zeit den „Anlegern" für ihre 6000 DM nichts von dem Versprochenen hätte geboten werden können, und das genügt ja schon für den Straftatbestand des Betrugs (§ 263 StGB).

Der jetzt 57 Jahre alte Sonnenlicht ist trotz seines Namens – früher hieß er aber auch nur einfach Meier – ein kleines Licht. So erhält er für jeden der acht Fälle nur je zwei Monate Freiheitsstrafe, insgesamt sogar lediglich die acht Monate Gesamtfreiheitsstrafe. Er hat sich aus der großen Welt jetzt zurückgezogen und züchtet Geflügel bei Gransee. Da er versprochen hat, dabei zu bleiben, wird die Vollstreckung der Strafe zur Bewährung ausgesetzt.

Das Verfahren richtete sich übrigens auch noch gegen einen Bernd Bode, geboren am 6. September 1949 in Berlin. Gegen den ist das Verfahren in der Hauptverhandlung wegen geringer Schuld (§ 153 Abs. 2 StPO) eingestellt worden. Bode war als „Anleger" zu der Gesellschaft gekommen, war dann aber Werbebeauftragter geworden, so fest hatte er an die Sache geglaubt. Da er eigentlich auch zu den Betrogenen gehörte, sollte er nicht auch noch bestraft werden.

Die Kostenentscheidung der Verurteilung ergibt sich aus § 465 StPO.

Warnstädt

Amtsgericht Tiergarten

Im Namen des Volkes

Der Angeklagte wird wegen räuberischen Diebstahls und wegen Diebstahls in sieben Fällen und unter Einbeziehung der Strafe aus dem Strafbefehl des Amtsgerichts Tiergarten vom 30. Dezember 1997 zu einer
Gesamtfreiheitsstrafe von neun Monaten
verurteilt.
Er hat auch die Kosten des Verfahrens zu tragen.
§§ 242, 248a, 252, 21, 53 StGB, § 17 Abs. 2 BZRG

Gründe

Der Angeklagte, 23 Jahre alt, ist nach seinen wohl einigermaßen glaubhaften Angaben nach Deutschland gekommen, um hier auf dem Bau zu arbeiten. Dann sei, so sagt er auch, das Unternehmen pleitegegangen, und er habe daher ohne Geld auf der Straße gestanden. Es kam, wie es kommen mußte, keine Wohnung, keine Arbeit, kein Geld, höchstwahrscheinlich Bekanntschaft mit Rauschgift (daher hier § 21 StGB und § 17 Abs. 2 BZRG), Straftaten, eine nach der anderen, zwar immer wieder festgenommen, aber auch immer wieder, man kann sagen, zu neuer Straftat freigelassen.

Erste Straftat 21. August 1997, der Angeklagte nimmt bei „Continent" in Berlin-Neukölln ein Hemd und eine Hose an sich, um die Sachen ohne Zahlung des Kaufpreises von 19,95 DM für sich zu behalten. Gegen den Angeklagten wird wegen dieser Straftat am 30. Dezember 1997 ein Strafbefehl über 8 Tagessätze zu je

20 DM erlassen. Dieser Strafbefehl kann dem Angeklagten, nachdem dieser im vorliegenden Verfahren endlich nach mehreren weiteren Straftaten ins Gefängnis gekommen ist, schließlich am 4. Januar 1999 zugestellt werden, was nun allerdings den kleinen Vorteil hat, daß die Strafe, da der Strafbefehl rechtskräftig geworden ist, in das vorliegende Verfahren einbezogen werden kann.

Zweite Straftat am 25. Juli 1998, wieder Diebstahl nach § 242 in Verbindung mit § 248a StGB, der Angeklagte nimmt bei „Mini-Mal" in der Landsberger Allee 356 eine Flasche Schnaps und „einmal Nivea" für 42,96 DM ohne Bezahlung an sich. Dieser Fall sollte auch durch Strafbefehl sozusagen erledigt werden, kompletter Unfug, wenn man bedenkt, daß schon der erwähnte erste Strafbefehl steckengeblieben war. Dieser Fall ist nun der erste Diebstahl, dessentwegen der Angeklagte im vorliegenden Verfahren verurteilt wird. Der Angeklagte hat diese Straftat in der Hauptverhandlung glaubhaft zugegeben.

Der Angeklagte hat auch die anderen sechs Diebstähle (jeweils § 242, im Fall des 25. August 1998 in Verbindung mit § 248a StGB) in der Hauptverhandlung glaubhaft zugegeben:
Er nahm am 11. August 1998 bei „Kaiser's" am Prerower Platz sieben Flaschen Spirituosen für 139,93 DM, am 25. August 1998 bei „Kaiser's" in der Ollenhauerstraße Zigaretten für 6,50 DM, am 8. September 1998 bei „Kaiser's" in der Genslerstraße in Berlin-Hohenschönhausen „L'oreal und Nutritive", was immer das sein soll, für 238,68 DM, am 12. September 1998 bei „Kaiser's" Am Tierpark vier Flaschen Spirituosen für 59,96 DM, am 13. Oktober 1998 bei „Kaiser's" in der Franz-Jacob-Straße in Berlin-Lichtenberg drei Flaschen Spirituosen für 57,97 DM und schließlich am 18. Oktober 1998 bei „Kaiser's" in der Hauptstraße 10 in Berlin-Hohenschönhausen vier Flaschen Spirituosen für 133,96 DM jeweils an sich, um die Sachen ohne Zahlung des Kaufpreises für sich zu behalten.
Den räuberischen Diebstahl (§ 252 StGB) hat der Angeklagte in der Hauptverhandlung allerdings bestritten. Diese Straftat hat

sich indessen aus der glaubhaften Aussage der Ramona Schaver wie folgt ergeben:

Die Zeugin beobachtete den Angeklagten am Abend des 12. Oktober 1998 bei „Kaiser's" in der Hauptstraße 10 in Berlin-Hohenschönhausen, wie er eine Flasche Schnaps in seinen Hosenbund steckte. Sie hatte zu Recht den Verdacht, der Angeklagte wolle die Flasche stehlen. So sprach sie ihn an. Da zog der Angeklagte ein Messer, hielt es der Zeugin vors Gesicht und konnte daher mit der Ware entkommen.

Der Angeklagte erhält Freiheitsstrafe. Die schwerste Tat ist der räuberische Diebstahl. Dafür wollte der Staatsanwalt in der Hauptverhandlung ein Jahr sechs Monate haben, völlig übertrieben, sechs Monate sind genug. Für jeden der sieben Diebstähle erhält der Angeklagte Geldstrafen, je zehn Tagessätze für die Diebstähle vom 24. Juli und vom 25. August 1998, für die übrigen Diebstähle je 20 Tagessätze – jeder Tagessatz zu 20 DM –, woraus sich für alle neun Straftaten die angemessene Gesamtfreiheitsstrafe von neun Monaten ergibt.

Diese neun Monate soll der Angeklagte aber auch verbüßen. Strafaussetzung zur Bewährung kann es in seiner unsicheren Lage nicht geben. Wird der Angeklagte, ohne daß für seine von ihm angeblich angestrebte Rückkehr nach Portugal gesorgt ist, entlassen, geht es unweigerlich sofort mit Straftaten weiter. Daß der Staatsanwalt – er wollte insgesamt zwei Jahre Freiheitsstrafe – Entlassung des Angeklagten beantragt hat, ist unverständlich geblieben und ist auch falsch, ebenso falsch wie die eigentlich unglaubliche Tatsache, daß der Angeklagte am 18. Oktober 1998, als er bei seinem erneuten Auftauchen bei „Kaiser's" in der Hauptstraße 10 in Hohenschönhausen als Täter des räuberischen Diebstahls erkannt wurde, ungerührt „vor Ort entlassen" wurde. Donnerwetter, ist das aber eine prachtvolle Strafverfolgung!

Die Kostenentscheidung beruht auf § 465 StPO.

Amtsgericht Tiergarten

Im Namen des Volkes

Der Angeklagte wird
freigesprochen.
Die Kosten des Verfahrens und etwaige notwendige Auslagen des Angeklagten fallen der Landeskasse zur Last.

Gründe

Dem Angeklagten wird vorgeworfen, er habe sich nach § 92 Abs. 2 Nr. 1b des Ausländergesetzes strafbar gemacht, weil er seit dem 3. Mai 1997 „entgegen § 8 Abs. 2 Satz 1 Ausländergesetz sich unerlaubt im Bundesgebiet" aufhalte.

In der Hauptverhandlung hat sich aus den Angaben des Angeklagten und des von der Berliner Ausländerbehörde als Zeugen erbetenen und erschienenen Beamten ergeben, daß der äußere Sachverhalt schon zutrifft, also: der Angeklagte ist Ausländer, jedenfalls hat er nicht die deutsche Staatsangehörigkeit, er hält sich in Deutschland auf, die Ausländerbehörde hat ihm keine Aufenthaltsgenehmigung gegeben. Und dennoch liegt der Fall so, daß der Angeklagte nicht bestraft werden kann, wie folgt:

Der Angeklagte, jetzt 28 oder 29 Jahre alt, ist seit über zehn Jahren in Deutschland. Seit damals gelingt es der Ausländerbehörde nicht, ihn wieder loszuwerden. Woran das liegt, soll hier nicht näher ausgeführt werden. Aber es ist doch so, daß derjenige, der zehn Jahre so unfähig ist, einen zu beseitigenden Zustand zu beseitigen, den Zustand im Ergebnis duldet. Jedenfalls muß man den Zustand dann als unvermeidlich hinnehmen.

Zu diesem Unvermögen der Behörde tritt noch etwas aus der Sicht des Angeklagten. Der Angeklagte ist Kurde und doppelt staatenlos. Zum einen ist er staatenlos, weil es kein Kurdistan gibt, und zum anderen, weil ihn auch der Libanon, der sich ja neben dem Irak, Syrien und der Türkei einen Teil des von Kurden besiedelten Gebiets zugeeignet hat und auf dessen Territorium der Angeklagte geboren worden ist, nicht als Staatsangehörigen betrachtet. So weiß der Angeklagte gar nicht, wohin er gehen soll. Irgendwo aber muß er ja nun bleiben, und das ist gegenwärtig Deutschland, wo er sich gerade befindet und wohin er mehr oder weniger zufällig gelangt zu sein scheint. Die ihm vom Landeseinwohneramt Berlin ausgestellte „Grenzübertrittsbescheinigung" nützt ihm wenig. Kürzlich war der Angeklagte in den Niederlanden, die haben ihn ganz schnell wieder über die Grenze zurück nach Deutschland geschickt. Es ist nicht anzunehmen, daß Österreich, Polen oder gar die Schweiz über das Erscheinen des Angeklagten entzückt wären und ihm Aufenthaltsrecht gewähren würden.

Mit diesem Problem, das durch die offenen Grenzen und den Unterschied in den Lebensverhältnissen der einzelnen Länder verursacht wird, muß die Politik fertig werden, das Amtsgericht Tiergarten ist nicht der rechte Ort dazu.

Die Kostenentscheidung beruht auf § 467 Abs. 1 StPO.

Warastädt

Amtsgericht Tiergarten

Im Namen des Volkes

Der Angeklagte wird wegen unterlassener Hilfeleistung zu einer Freiheitsstrafe von fünf Monaten
verurteilt.
Die Vollstreckung der Strafe wird zur Bewährung ausgesetzt.
Der Angeklagte hat die Kosten des Verfahrens zu tragen.
§ 323c StGB

Gründe

Der Angeklagte, 32 Jahre alt, war lange Jahre Busfahrer der Stadt Berlin, zunächst bei der BVB, dann bei der BVG. Jetzt hat er es allerdings vorgezogen, sich von der BVG 40 000 DM dafür geben zu lassen, daß er aus dem Dienst ausscheidet und vom Arbeitsamt, ohne arbeiten zu müssen, Geld bekommt. Als er für sein Geld noch arbeiten mußte, kam es in den frühen Morgenstunden des 7. Juli 1994 zu folgendem Vorfall:

Der in Indien geborene, seit seinem 14. Lebensjahr aber in Deutschland lebende Dharmarajoo Kumar, der übrigens deutscher Staatsangehöriger ist, stieg an einer Haltestelle in Prenzlauer Berg in den vom Angeklagten gesteuerten Bus der Nachtlinie N26, der in Richtung Osloer Straße fuhr. Schon eine Station später, noch in Prenzlauer Berg, stiegen nach Angaben des Angeklagten zwei Leute, nach Angaben Kumars eine Gruppe von fünf bis sieben Leuten in den Bus ein, Leute, die sehr nach Neonazis aussahen, zwei benahmen sich jedenfalls auch so. Als sie an Kumar vorbeigingen, hauten sie ihm, nur weil er eben wie ein Nichthiesiger aussieht, an den Kopf. Kumar ahnte, daß das nur der Anfang sein werde, er ging deshalb schutzsuchend nach vorn zum Angeklagten. Die Neonazis folgten ihm und hauten erneut auf ihn ein. Kumar bat den Angeklagten, die Polizei zu rufen. Der Angeklagte sah alles, was passierte, hörte sogar den Hilferuf Kumars, tat jedoch nichts, um Kumar zu helfen, hielt vielmehr den Autobus an, öffnete die vordere Tür und forderte alle, also nicht nur die beiden Peiniger Kumars, sondern auch Kumar selbst auf, den Bus zu verlassen. Die beiden Neonazis stiegen aus und zerrten dabei vor den Augen des Angeklagten, direkt neben ihm, Kumar aus dem Bus, um weiter auf ihn einzuschlagen. Kumar klammerte sich noch an den Bus, die beiden Neonazis rissen ihn aber mit sich fort. Nun schloß der Angeklagte die Bustür und fuhr ungerührt weiter, als sei nichts geschehen. Kumar wurde von den beiden Neonazis recht übel zugerichtet, sie schlugen ihn mit Fäusten und traten ihn mit sogenannten Springerstiefeln ins Gesäß und in den Rücken.

Dieser Sachverhalt hat sich aus den Angaben des Angeklagten und Kumars ergeben. Die Aussagen stimmten weitgehend überein. Ein wesentlicher Unterschied besteht lediglich darin, daß der Angeklagte gesagt hat, Kumar habe ausdrücklich gerufen: Nix Polizei! und deshalb habe er, der Angeklagte, das Mikrofon, das er schon ergriffen gehabt hätte, wieder aus der Hand gelegt. Diese Aussage des Angeklagten stimmt allerdings nicht, das hat sich der Angeklagte nur zu seiner Entschuldigung ausgedacht. Nicht nur, daß Kumar das plausibel bestritten hat – wozu wäre er schließlich sonst nach vorn zum Angeklagten gekommen –, Kumar spricht auch ausgezeichnet Deutsch, radebrechendes „Nix Polizei" paßt nicht zu ihm, was der Angeklagte natürlich bei seiner Lüge nicht wissen konnte.

Der Angeklagte wird wegen unterlassener Hilfeleistung nach § 323c StGB verurteilt. Er hatte jederzeit Funkverbindung zur BVG-Zentrale und hätte auch den Notrufknopf bedienen können, der ohne weiteres Zutun Alarm auslöst. Der Angeklagte hat dazu ausgeführt, er habe sich selbst bedroht gefühlt und so habe er lieber nichts getan. Stellt man das in Rechnung, obwohl der Angeklagte nichts auch nur einigermaßen Handfestes, das auf eine Bedrohung, die sich gegen ihn gerichtet hätte, geschildert hat, so war er jedenfalls dann in Sicherheit, als er die Türen des Busses wieder geschlossen hatte. Aber auch da löste er weder den Notruf aus noch benachrichtigte er die Polizei, fuhr vielmehr ungerührt weiter, Kumar aber wurde auf der Straße noch weiter geschlagen und getreten. Erst ein beherzter Wachmann befreite ihn aus den Klauen der Neonazis, wie Kumar es in der Hauptverhandlung glaubhaft geschildert hat.

Der Vorfall ist ein ganz unerhörter Vorfall. Schon mit der Einordnung als unterlassene Hilfeleistung ist er möglicherweise zu milde eingestuft. Es wäre nicht ganz ausgeschlossen gewesen, den Angeklagten für die Körperverletzung direkt verantwortlich zu machen, denn durch das Hinausziehenlassen Kumars durch die Neonazis ermöglichte er weitere Körperverletzung, zu deren Verhinderung er verpflichtet gewesen wäre. Ohne Freiheitsstrafe kann der Angeklagte aus diesem Verfahren nicht hervorgehen. Die fünf Monate sind allemal angemessen. Strafaussetzung erhält der Angeklagte nur, weil er bislang noch ohne Vorstrafen war, wobei die Möglichkeit, daß er nur deshalb nichts getan hat, weil er es gar nicht so schlimm fand, daß ein Ausländer verprügelt wird, hier ausdrücklich nicht weiter vertieft werden soll. Der Angeklagte hat aber Bußen zu zahlen, 1000 DM an Kumar, 2000 DM an eine gemeinnützige Organisation.

Die Kostenentscheidung beruht auf § 465 StPO.

Amtsgericht Tiergarten

Im Namen des Volkes

Der Angeklagte wird wegen Diebstahls zu einer
Freiheitsstrafe von drei Monaten
verurteilt.
Die Vollstreckung der Strafe wird zur Bewährung ausgesetzt.
Der Angeklagte hat die Kosten des Verfahrens zu tragen.
§ 242 StGB

Gründe

Der Angeklagte nahm am 11. November 2001 bei „Dussmann"
in der Friedrichstraße zehn Schallplatten (CD) an sich, um sie
ohne Zahlung des Kaufpreises von 360 DM für sich zu behalten.
Er hat diesen Diebstahl (§ 242 StGB) in der Hauptverhandlung
glaubhaft zugegeben.

Man kann fast nicht glauben, was in der Hauptverhandlung
zutage getreten ist: Der Angeklagte, der von seinen 33 Lebensjahren an die 15 Jahre im Gefängnis verbracht hat, war erst Ende
Oktober, also etwa zwei Wochen vor der neuen Straftat, aus dem
Gefängnis entlassen worden, und zwar auf Bewährung, Beschluß
der Strafvollstreckungskammer des Landgerichts Berlin vom 26.
Oktober 2001. Da kann man eigentlich gar nichts anderes erwarten, als daß man sagt, Hopfen und Malz verloren, wieder ab ins
Gefängnis. Und so bekommt der Angeklagte hier auch ohne
Bedenken die drei Monate Freiheitsstrafe.

Die Vollstreckung der Strafe wird jedoch zur Bewährung ausgesetzt. Das mag überraschen, aber man kann diese Entscheidung denn doch wagen. Sie verschlägt nichts. Der Angeklagte hat gesagt, er könne sich den Diebstahl nicht erklären, er wisse nur, daß er sich nach den langen Jahren im Gefängnis in Freiheit wie in ein Loch gefallen gefühlt habe. Was man darunter verstehen soll, ist wohl nicht weiter aufzuklären, weder durch psychologische, soziale, emotionale oder sonstige Überlegungen oder gar Untersuchungen. Man kann nur sagen, daß die Situation des Angeklagten schon eine abnorme war und ist und daß man ihm denn doch diese eine Missetat in dem besonderen Sinne der Verurteilung mit Strafaussetzung zur Bewährung nachsehen sollte. Sein bisheriges Leben ist erschütternd genug, da sollen die zehn Schallplatten nicht schicksalsentscheidend werden, denn der Angeklagte scheint eigentlich schon handfeste Pläne für eine andere Lebensform als bisher zu haben. Immerhin erscheint es möglich.

Die Kostenentscheidung beruht auf § 465 StPO.

Warnstädt

Amtsgericht Tiergarten

Im Namen des Volkes

Der Angeklagte wird wegen Bedrohung und wegen Beleidigung in zwei Fällen zu einer
Gesamtfreiheitsstrafe von drei Monaten
verurteilt.
Die Vollstreckung der Strafe wird zur Bewährung ausgesetzt.
Der Angeklagte hat die Kosten des Verfahrens zu tragen.
§§ 185, 241, 21, 53 StGB

Gründe

Als am 6. Juni 2000 seine Wohnung polizeilich durchsucht wurde, nannte der 36jährige Angeklagte die Polizeibeamten Faschisten und Nazis. Dieser Sachverhalt, strafbar als Beleidigung (§ 185 StGB), hat sich in der Hauptverhandlung aus den glaubhaften Angaben des Kriminalhauptkommissars Olaf Lübs ergeben.

Am 27. Juni 2000 rief der Angeklagte den Amtsrichter im Kriminalgericht an, von dem er erfahren hatte, daß der es gewesen sei, der den Wohnungs-Durchsuchungsbeschluß erlassen habe. Er äußerte dabei, er werde dem Amtsrichter auflauern und ihm eine Kugel durch den Kopf jagen. Dieser Sachverhalt, strafbar als Bedrohung nach § 241 StGB, hat sich in der Hauptverhandlung aus den glaubhaften Angaben des Amtsrichters ergeben.

Als kurz nach dieser Bedrohung die Wohnung des Angeklagten erneut durchsucht wurde, nannte der Angeklagte die durchsuchenden Polizeibeamten Scheißbullen und Arschlöcher. Dieser Sachverhalt, strafbar wieder als Beleidigung, hat sich in der Hauptverhandlung aus den glaubhaften Angaben der Polizeimeisterin Simone Glatt ergeben.

Der Angeklagte ist eigentlich ein harmloser Mensch, er scheint indessen zur Hysterie zu neigen, besonders dann, wenn er nicht weiterweiß, von seinen Gefühlen überwältigt wird oder sich in die Enge getrieben fühlt. So scheint es hier gewesen zu sein, wobei zu beachten ist, daß es zu dem Strafverfahren, in dem am 6. Juni 2000 seine Wohnung durchsucht wurde, im Rahmen einer Liebesbeziehung von Mann zu Mann gekommen war, die den Angeklagten hat außer sich geraten lassen, was bei der Bearbeitung jenes Falles vielleicht niemand so recht gemerkt hatte. Gleichviel: Was sich der Angeklagte mit seinem Anruf bei dem Amtsrichter geleistet hat, geht zu weit. Da muß der Angeklagte sich zwei Monate Freiheitsstrafe gefallen lassen. Für die beiden anderen Straftaten erhält er je einen Monat, was nach § 53 StGB die Gesamtfreiheitsstrafe von drei Monaten ergibt, deren Vollstreckung indessen einstweilen zur Bewährung ausgesetzt wird.

Die Kostenentscheidung beruht auf § 465 StPO.

Amtsgericht Tiergarten

Im Namen des Volkes

Der Angeklagte wird wegen Untreue zu einer
Freiheitsstrafe von sechs Monaten
verurteilt.
Die Vollstreckung der Strafe wird zur Bewährung ausgesetzt.
Der Angeklagte hat die Kosten des Verfahrens zu tragen.
§ 266 StGB

Gründe

Der Angeklagte – er ist 45 Jahre alt – hatte für das Postbankkonto seiner „Stiefgroßmutter" Elisabeth Asmus, geboren am 27. Dezember 1904, Kontovollmacht erhalten. Er gibt zu, daß er sich zwischen dem 21. September und dem 21. Dezember 1998 von dem Konto insgesamt 13 300 DM auszahlen ließ. Die einzelnen Abhebungen, insgesamt sechs, nämlich 2 300 DM am 21. September, 2 500 DM am 15. Oktober, 1 500 DM am 26. Oktober, 2 000 DM am 23. November, 3 000 DM am 7. und 2 000 am 21. Dezember, haben sich in der Hauptverhandlung, aber auch aus den Angaben des Postamtsrats Georg Uhlitz von der Postbank Berlin ergeben.

Die Anklageschrift wirft dem Angeklagten vor, er habe sich das Geld nach den sechs Abhebungen einverleibt und damit also sechs untreue Handlungen begangen. Der Angeklagte bestreitet, sich das Geld eingesteckt zu haben, und behauptet, er habe es für Frau Asmus ausgegeben oder es auch Frau Asmus selbst gebracht, weil die den Weg zur Bank nicht mehr habe machen können. Der Verteidiger hat sich dem angeschlossen und zusätzlich darauf verwiesen, daß das durch die Aussage der Frau Asmus zumindest nicht widerlegt sei. Dem Angeklagten müsse aber klipp und klar nachgewiesen werden, daß er das Geld behalten habe, wenn er verurteilt werden solle.

Nun ist es tatsächlich so, daß die Angaben der Frau Asmus, die in der Hauptverhandlung als Zeugin gehört worden ist, nicht alle ganz klar waren. Es gab nicht nur Widersprüche, sondern auch Lücken und reine Vergeßlichkeit und schließlich auch Ermüdung. Stützte man die Verurteilung rein darauf, was Frau Asmus jetzt dazu gesagt hat, wäre die Beweislage tatsächlich mehrdeutig. Es ist aber so, daß es im einzelnen darauf gar nicht ankommt, vielmehr ist der richtige Gedankengang, aus dem sich übrigens auch ergibt, daß es sich im Grunde nur um eine einzige Untreue, nicht um sechs aufeinanderfolgende handelt, der folgende:

Der Angeklagte hatte mit seiner Kontovollmacht eine kontobeherrschende Stellung und nutzte diese dazu, sich das Guthaben zu verschaffen. Er muß Rechenschaft legen, wo das Geld geblieben ist. Das hat er nicht im mindesten getan, was sich aus den Angaben der als Zeugin gehörten Rechtsanwältin Andrea Mauser, die vom Amtsgericht Charlottenburg der Frau Asmus zur Betreuerin bestellt worden ist, ergeben hat. Zivilrechtlich ist das völlig klar, die Behauptung des Angeklagten über den Verbleib des von ihm abgehobenen Geldes reicht da selbstverständlich nicht hin. Im wesentlichen gilt das hier aber auch fürs Strafrecht, denn die Vermögensstraftatbestände bauen direkt auf dem Zivilrecht auf. Allerdings, dies muß man denn doch sagen, muß im Strafrecht, wo der Angeklagte ja nicht zur Mitwirkung verpflichtet ist, nach allen Möglichkeiten geforscht werden, wo denn das Geld hingegangen sein könnte. Das ist hier gemacht worden. So hätte mit dem Geld die Miete für die Wohnung der Frau Asmus am Spandauer Damm gezahlt worden sein können. Frau Asmus ging Mitte September 1998 aus ihrer Wohnung in das Seniorenheim, in dem sie am zweiten Verhandlungstag vernommen worden ist. Miete mußte aber noch bis März 1999 gezahlt werden. Nach Angaben der Rechtsanwältin Mauser wurde jedoch nichts gezahlt.

Das Geld hätte auch für einen Teil der Heimkosten aufgewendet worden sein können. Da dies nach Angaben der Rechtsanwältin jedoch ebenfalls nicht der Fall gewesen ist, bleibt nur die Möglichkeit, daß der Angeklagte das Geld der Frau Asmus gebracht hat. Aber das scheidet denn doch als reale Möglichkeit aus, denn es ist überhaupt nicht einzusehen, was Frau Asmus, für deren Unterhalt in dem Heim ja gesorgt ist, mit dem Geld hätte anfangen wollen. Und es wäre in dem Heim auch irgendwie aufgefallen, wenn Frau Asmus zwischen September und Dezember 1998 über 10 000 DM in den Händen gehabt hätte. Und so war denn auch eher das Gegenteil der Fall: Nach der Aussage der Sozialarbeiterin Angelika Kotzebue war es so, daß Frau Asmus im Januar 1999 Alarm schlug, als sie ein bißchen Geld brauchte und bemerkte, daß ihr ganzes Konto abgeräumt war.

Mit den sechs Monaten Freiheitsstrafe mit Strafaussetzung zur Bewährung kommt der Angeklagte ganz gut weg. Er soll allerdings jeden Monat wenigstens 150 DM zurückzahlen, das muß er, obwohl er nach seinen eigenen Angaben völlig überschuldet ist. Dann muß er eben selbst eine Zeitlang von Wasser und Brot leben.

Die Kostenentscheidung beruht auf § 465 StPO.

Amtsgericht Tiergarten

Im Namen des Volkes

Der Angeklagte wird
freigesprochen.
Die Kosten des Verfahrens und die notwendigen Auslagen des Angeklagten fallen der Landeskasse zur Last.

Gründe

Der 55jährige Angeklagte hat nach der Anklageschrift „in der Zeit vom 21. bis zum 22. Mai 1996" durch eine und dieselbe Handlung Vergewaltigung, sexuelle Nötigung und Freiheitsberaubung (§§ 177, 178, 239, 52 StGB) begangen. Er soll nämlich die am 10. September 1935 in Aschersleben geborene Frieda Dietrich geborene Günter gegen ihren Willen in seiner Wohnung festgehalten, sie dann auf ein Bett geworfen und entkleidet haben und dann mit seinem Geschlechtsteil in ihr Geschlechtsteil hineingefahren sein, und schließlich soll er an ihr auch noch „Oralverkehr vorgenommen" haben.

Der Angeklagte hat nicht bestritten, daß die Frau in seiner Wohnung war, allerdings sei sie freiwillig mitgekommen. Er hat zugegeben, daß er mit der Frau auf seinem Bett war, allerdings ohne, wenn man so will, erfolgreichen Geschlechtsverkehr und vor allem ohne Gewaltanwendung. Und der Angeklagte hat schließlich auch die „Vornahme von Oralverkehr" eingeräumt, allerdings hat er dazu gesagt, daß auch das durchaus auf freiwilliger Basis geschehen sei.

Die Frau Dietrich hat sich etwas anders geäußert. Sie hat – insoweit wie der Angeklagte – ausgeführt, man habe sich am Morgen des 21. Mai 1996 in einer Passage in Berlin-Neukölln bei Schnaps, zugegebenermaßen viel Schnaps, kennengelernt und sei dann zu weiterer „Unterhaltung" in des Angeklagten Wohnung gegangen. Dort, so die Zeugin, sei der Angeklagte längst nicht mehr so nett wie vorher gewesen.

Eine Abwägung der Aussagen hat ergeben, daß es wohl so gewesen ist, daß die Zeugin im Grunde das schon wollte, was der Angeklagte mit ihr dann machte, daß es ihr allerdings wohl zu Recht nicht gefiel, wie der Angeklagte es machte. Der Angeklagte ist, besonders wenn er wie hier ziemlich viel Alkohol getrunken hat, wohl durchaus kein zärtlicher Gespiele, sondern eher eine etwas ungehobelte Erscheinung, und man muß sagen, daß die Zeugin das wohl auch gemerkt hätte, wenn sie nicht selbst so viel Schnaps getrunken gehabt hätte.

Die Staatsanwältin hat in der Hauptverhandlung die Anklagevorwürfe zutreffend als nicht zutreffend bezeichnet. Sie hat indessen beantragt, den Angeklagten wenigstens zu einer kleinen Geldstrafe wegen fahrlässiger Körperverletzung zu verurteilen, weil die Zeugin nach diesem Abenteuer durch die Schuld des Angeklagten mehrere Tage nicht habe schmerzfrei sitzen können. Das war denn aber doch ein zu durchsichtiges Manöver, ganz offensichtlich sollte der gescheiterten Anklage eine weiche Landung verschafft werden.

Die Kostenfolge des Freispruchs beruht auf § 467 Abs. 1 StPO.

Warustadt

Amtsgericht Tiergarten

Im Namen des Volkes

Der Angeklagte wird wegen zweier gemeinschaftlicher Diebstähle zu einer
Gesamtfreiheitsstrafe von vier Monaten
verurteilt.
Er hat die Kosten des Verfahrens und seine notwendigen Auslagen zu tragen.
§§ 242, 243 Abs. 1 Nr. 1, § 25 Abs. 2, § 53 StGB

Gründe

Der 25jährige Angeklagte und der 21jährige Faton Sinani brachen am Nachmittag des 1. Dezember 1997 in zwei Wohnungen in Berlin-Steglitz ein und stahlen dann aus den Wohnungen, was jeweils nach § 242 in Verbindung mit § 243 Abs. 1 Nr. 1 und § 25 Abs. 2 StGB strafbar ist.

Die eine Wohnung ist die des Ehepaars Ada und Manfred Fuchs. Die Balkontür der Erdgeschoßwohnung wurde aufgehebelt und aus der Wohnung wurden dann 300 DM, eine EC-Karte und zehn zu der Karte gehörende Schecks mitgenommen. Bei der anderen Wohnung handelt es sich um die Hochparterre-Wohnung des Michael Loch. Da wurde ebenfalls die Balkontür aufgehebelt. Aus der Wohnung wurden 800 DM und eine AOK-Karte des Horst Fischer, Schwiegervaters des Michael Loch, mitgenommen. Die AOK-Karte wurde übrigens später beim Angeklagten vorgefunden.

Diese Sachverhalte beruhen auf den geständigen Angaben des Angeklagten, haben sich aber auch aus den glaubhaften Zeugenangaben des Michael Loch und des Manfred Fuchs sowie des Polizeibeamten Mustafa Senöl ergeben.

Der Angeklagte erhält für jeden Fall drei Monate Freiheitsstrafe, zusammen die vier Monate Gesamtfreiheitsstrafe. Das ist maßvoll, damals gab es auch noch keine Vorstrafen für den Angeklagten, und schließlich hat er die Taten nun auch in der Hauptverhandlung zugegeben.

Nicht im mindesten so maßvoll sind die Strafen, die der Staatsanwalt hat festsetzen haben wollen, nämlich je acht Monate, zusammen eine Gesamtfreiheitsstrafe von einem Jahr zwei Monaten. Dieser Antrag mißfällt sehr. Wieder mal soll er wohl energisches Zugreifen und Einschreiten suggerieren, aber solches Tun, so scheint es, ist häufig nur darin begründet, früheres, man gestatte diesen Ausdruck, lappiges Verhalten zu bemänteln. Dieser Verdacht drängt sich auf, wenn man bedenkt, daß der Angeklagte und sein Begleiter, von aufmerksamen Polizeibeamten quasi auf frischer Tat festgenommen, trotz ihrer unsicheren Soziallage sofort wieder entlassen worden sind. Der Angeklagte konnte nun wenigstens noch eine Wohnheimadresse angeben, der Begleiter wurde sofort als „ohne festen Wohnsitz" notiert, was nun aktenmäßig heißt, er werde „gesondert verfolgt", während er in Wirklichkeit gänzlich durch die Lappen gegangen zu sein scheint. Beim Angeklagten verhielt es sich so, daß damals auch schon ein Verfahren gegen ihn lief: Diebstahl eines Paares Sportschuhe für 169,90 DM am 25. Juli 1997. Jenes Verfahren ging dann so, daß der Angeklagte Ende Dezember 1997 zur Hauptverhandlung nicht kam, daß dann Haftbefehl erging, daß er Anfang 1998 verhaftet wurde und daß er durch das Urteil vom 22. Februar 1998 21 Tage Geldstrafe erhielt, weil er just 21 Tage eingesperrt war und die Sache damit erledigt sein sollte. Das wäre so nicht gekommen, wenn die vorliegenden Straftaten dem Gericht bekannt gewesen wären. Aber daß ein weiteres Verfahren lief, davon war damals kein Wort zu vernehmen. Erst als jenes

Verfahren längst zu Ende war, wurde dann im vorliegenden Verfahren die Anklage erhoben. Daß die Hauptverhandlung nun stattgefunden hat, ist im Grunde auch nicht Verdienst der Staatsanwaltschaft, denn der durchaus erforderliche Haftbefehl wurde erst vom Prozeßrichter erlassen.

Die maßvollen vier Monate soll der Angeklagte nun aber auch ohne weiteres Gefummel verbüßen. Zwar hat der Verteidiger schon anklingen lassen, daß er bei den vier Monaten eine Aufhebung des Haftbefehls für unumgänglich hält, weil „unverhältnismäßig". Soll er doch beim nächsten Mal sagen, daß ein Jahr zwei Monate in diesem Sinne „verhältnismäßiger" seien, vielleicht kann er sich dann eine etwaige Haftbeschwerde ersparen!

Die Kostenentscheidung beruht auf § 465 StPO.

Amtsgericht Tiergarten

Im Namen des Volkes

Die Angeklagte wird wegen Verstoßes gegen das Ausländergesetz (unerlaubte Einreise und unerlaubter Aufenthalt), wegen Urkundenfälschung und wegen Betrugs zu einer Gesamtfreiheitsstrafe von sechs Monaten
verurteilt.
Die Vollstreckung der Strafe wird zur Bewährung ausgesetzt.
Die Angeklagte hat die Kosten des Verfahrens zu tragen.
§§ 263, 267, 53 StGB
§ 92 Abs. 1 Nr. 1 und Nr. 6 AuslG

Gründe

Die Sache ist nicht besonders schwierig, aber sie ist interessant, weil hier in Form von Straftaten ein ganzes Schicksal auftaucht. Die Angeklagte ist eine junge Russin, jetzt ukrainische Staatsbürgerin, sie heißt richtig – so auch die Eintragung in ihrem neuen ukrainischen Paß – Nadija Mykolayiva und ist geboren am 18. Januar 1973 in Witebsk. Sie lebt jetzt in Berlin, ist mit dem Anthony Alsop, geboren am 5. November 1972 in Korkino, deutschem Staatsbürger, verheiratet, teilt ihr Leben mit ihrem Mann und ihrer dreieinhalbjährigen Tochter. Dies wird so ausführlich dargestellt, weil bislang eine Unzahl von verschiedenen Namen und Daten im Spiel war. Zu den Straftaten:

Irgendwann 1996 hatte die Angeklagte, als sie noch in der Ukraine lebte, ein Verhältnis mit einem Mann, der dann nach Deutschland ging. Als sie merkte, daß sie schwanger war, ging sie auch nach Deutschland, um den Mann zu treffen. So kam es zur ersten Straftat (§ 92 Abs. 1 Nr. 1 und Nr. 6 Ausländergesetz), die Angeklagte reiste ohne Visum, also unerlaubt, nach Deutschland ein und hielt sich dann hier ohne Genehmigung, also auch unerlaubt, längere Zeit auf.

Nachdem ihr unter falschem Namen gestellter Asylantrag abgelehnt worden war, fiel die Angeklagte, wie ihr Verteidiger für sie vorgetragen hat, in Berlin einem bekannten und mittlerweile auch verurteilten Winkelkonsulenten in die Hände. Auf dessen Rat beantragte sie unter wiederum anderem Namen und mit gefälschter Geburtsurkunde als sogenannter Kontingentflüchtling die Aufenthaltsbefugnis beim Landeseinwohneramt Berlin, womit sie sich wegen Urkundenfälschung nach § 267 StGB strafbar machte. Dies die zweite Straftat.

An die Urkundenfälschung knüpft der Betrug (§ 263 StGB), also die dritte Straftat des Verfahrens, an. Die Angeklagte beantragte und erhielt unter Verwendung der falschen Angaben und daher schon deshalb zu Unrecht vom Bezirksamt Berlin-Neukölln von Dezember 1997 bis zum Dezember 1999 Sozialhilfe in recht erheblichem Umfang.

Die Angeklagte hat dies alles in der Hauptverhandlung bestätigt.

Man kann die Straftaten so und so sehen, in mildem Licht, aber auch in herbem. In der Hauptverhandlung ist mit Hilfe von Verteidiger und Staatsanwältin – beide überdurchschnittlich verstehend und verständig – ein Mittelweg dergestalt gefunden worden, daß, sozusagen die Vergangenheit bewältigend, Freiheitsstrafe festgesetzt wird – in der Reihenfolge der Straftaten ein Monat, drei Monate und nochmals drei Monate –, daß aber zugleich, sozusagen in die Zukunft weisend, die Vollstreckung der sich aus diesen drei Strafen ergebenden Gesamtfreiheitsstrafe von sechs Monaten zur Bewährung ausgesetzt wird. Da bleibt nur zu hoffen, daß auch die Verwaltungsbehörde diesen Fall vernünftig abschließt und der Angeklagten bald eine Aufenthaltsgenehmigung erteilt. Eine andere Möglichkeit besteht eigentlich gar nicht, in der Hauptverhandlung ist auch das erörtert worden. Dabei ist wieder einmal zu hören gewesen, menschlich wohl richtig, aber juristisch vielleicht nicht möglich. Das gibt es aber nicht. Was menschlich ist, ist auch juristisch möglich, weil die Gesetze menschlich sind, jedenfalls zu sein haben.

Die Kostenentscheidung beruht auf § 465 StPO.

Amtsgericht Tiergarten

Im Namen des Volkes

Der Angeklagte wird wegen dreimaligen Erschleichens von Leistungen zu einer
Gesamtgeldstrafe von vierzehn Tagessätzen zu je fünfzehn DM verurteilt.
Er hat auch die Kosten des Verfahrens zu tragen.
§§ 265a, 53 StGB

Gründe

Der 37 Jahre alte Angeklagte – er hat das in der Hauptverhandlung zugegeben – benutzte dreimal öffentliche Verkehrsmittel, ohne zu bezahlen, hat sich also dreimal des „Erschleichens von Leistungen" (§ 265a StGB) schuldig gemacht. Der Angeklagte erhält für jede dieser drei Straftaten eine Geldstrafe von 10 Tagessätzen zu je 15 DM, für alle drei Taten allerdings nur die Gesamtgeldstrafe von 14 Tagen. Das kann man als knapp ansehen, aber schließlich muß man in diesem Fall denn doch etwas anders rechnen, weil nämlich der Angeklagte just 14 Tage im Gefängnis war, womit die Sache jetzt auch beendet sein soll, schon „abgesessen", erledigt, Schluß, und mehr lohnt die Sache auch nicht.

Damit könnte das Urteil zu Ende sein, aber der Staatsanwalt hat in der Hauptverhandlung sechs Monate Freiheitsstrafe ohne Strafaussetzung zur Bewährung gefordert. Das zwingt denn doch zu einigen Bemerkungen:

Zunächst zwingt das zu der Bemerkung, daß ein solcher Strafantrag als absurd, jedenfalls als völlig fehlgegriffen anzusehen ist. Aber auch das würde noch nicht besonders bemerkenswert sein, wenn dies nicht wieder ein Fall wäre, in der die offensichtlich völlige Unfähigkeit der Justiz, mit Kleinigkeiten der vorliegenden Art angemessen umzugehen, so krass zutage träte, daß der Ausdruck absurd nicht übertrieben ist. Man höre:

Im Jahr 2000 hatte der Angeklagte eine fünfmonatige Freiheitsstrafe abzusitzen. Es gelang der Justiz nicht, während dieser Zeit einige andere Strafverfahren einer abschließenden Entscheidung zuzuführen. Kaum war der Angeklagte aber aus dem Gefängnis entlassen, kamen zwei Anklagen zum Richter, die Straftaten zum Gegenstand hatten, die vor dem Gefängnisaufenthalt begangen wurden, und zwar ein Ladendiebstahl und dreimaliges Schwarzfahren. Der Ladendiebstahl führte zu einer Anklage, die Schwarzfahrten zu einer anderen. Als diese beiden Anklagen zum Richter kamen, war der Angeklagte, wie gesagt, schon wieder weg. Des Richters Vorschlag, die „neuen" Sachen angesichts der mittlerweile verbüßten Freiheitsstrafe doch fallen zu lassen, fanden bei der Anklagebehörde kein Gehör, so daß Hauptverhandlung angesetzt werden mußte. Zur Hauptverhandlung am 5. März 2001 kam der Angeklagte nicht, was Haftbefehl zur Folge hatte. Als der Angeklagte am 30. April 2001 festgenommen und dem Richter zur sofortigen Hauptverhandlung – so etwas kommt tatsächlich vor – zugeführt wurde, fand sein alter Vorschlag, dies Verfahren im Hinblick auf die mittlerweile verbüßte Freiheitsstrafe zu beenden, bei der nun anwesenden (anderen) Staatsanwältin denn doch noch Gehör. Soweit denn doch noch gut, möchte man meinen, aber jetzt kommt's erst richtig dicke: Die drei Schwarzfahrten, deretwegen der Angeklagte hier jetzt verurteilt wird, liegen auch alle vor dem Gefängnisaufenthalt des Angeklagten, sind also Parallelsachen zu denen des Verfahrens, das am 30. April 2001 sein einigermaßen glückliches Ende gefunden hatte. Tatzeiten unserer jetzigen drei Schwarzfahrten sind 28. Mai 1999, 29. Mai und 15. Juli 2000. Diese Straftaten wurden am 1. März 2001 in eine Anklage gegossen und auf den (langen) Weg geschickt. Der Richter, der am 5. März 2001 die Hauptverhandlung hatte, den Haftbefehl erließ usw., der am 30. April 2001 denn doch noch das Glück hatte, jenes Verfahren vernünftig abschließen zu dürfen, erfuhr von der neuen Anklage einstweilen nichts, weder am 5. März noch am 30. April. Das war erst so gegen Anfang Mai der Fall. Was macht so ein Amtsrichter dann? Jedenfalls keinen Vorschlag mehr, das Verfahren nach § 154 Abs. 2 StPO zu beenden, er beraumt Hauptverhandlung an. Was bleibt ihm denn sonst übrig, er kann die Akten, auch die dümmsten und überflüssigsten ja nicht wegwerfen. Die Hauptverhandlung war am 7. Juli 2001, aber eigentlich war sie auch nicht, denn der Angeklagte kam nicht. Wieder wurde Haftbefehl erlassen. Der Angeklagte wurde am 16. August 2001 dann festgenommen, jetzt also Hauptverhandlung am 29. August 2001, alles weitere ist bekannt, die Amtsanwaltschaft will sechs Monate ohne Bewährung, der Richter entscheidet auf 14 Tage. Was man noch nicht weiß ist, daß mittlerweile Berufung der Amtsanwaltschaft vorliegt, die also offensichtlich die sechs Monate beim Landgericht erstreiten will.

Aber der Schrecken ist ohne Ende ... Was jetzt kommt, da muß man sich wirklich festhalten, denn jetzt kommt tatsächlich Umwerfendes:

Der Richter muß in der Hauptverhandlung erfahren, daß noch zwei weitere Verfahren gegen den Angeklagten „laufen". Eines beim „Schnellgericht". Schnellgericht wird hier in Anführungsstriche gesetzt, denn es soll sich bei jenem Verfahren um einen Ladendiebstahl vom 19. Mai 2001 handeln, über den das Schnellgericht am 20. August 2001, also drei Monate später, verhandeln wollte. Wollte, denn es ging nicht. Der Angeklagte erschien am 20. August 2001 nicht, er konnte natürlich auch nicht erscheinen, denn er saß ja fürs vorliegende Verfahren in Haft. Niemand hatte das dem Schnellgericht mitgeteilt, man ließ das Schnellgericht sitzen. Armes Schnellgericht, auch am 27. August ließ man es sitzen. Da sollte der zweite Schnelltermin stattfinden, es wurde natürlich wieder nichts. In unserer Hauptverhandlung sollte sozusagen als Verzweiflungstat der Versuch gemacht werden, die

„Schnellakten" beizuziehen. Das ging aber nicht, Schnellakten waren im Geschäftsgang.

Man wagt es kaum noch zu sagen: In der Hauptverhandlung kam auch heraus, daß die Staatsanwaltschaft am 12. August 2001 noch eine weitere Anklage geschrieben hat. Es soll sich dabei um einen Ladendiebstahl vom 16. Juli 2001 handeln. Auch dieser Vorgang konnte nicht beigezogen werden, man ahnt schon: Geschäftsgang! Mal sehen, wie es weitergeht. ... Irgendwie, irgendwann geht's ja immer weiter, eigentlich verwunderlich, oder etwa nicht?

Die Kostenentscheidung im Urteil beruht übrigens auf § 465 StPO, von den Kosten, die dies ganze Gewurschtel verursacht, soll lieber nicht gesprochen werden.

Amtsgericht Tiergarten

Im Namen des Volkes

Der Angeklagte wird wegen gefährlicher Körperverletzung zu einer
Freiheitsstrafe von sechs Monaten
verurteilt.
Die beschlagnahmten Schuhe werden eingezogen.
Der Angeklagte hat die Kosten des Verfahrens zu tragen.
§§ 223, 224, 21, 74 StGB

Gründe

Der 22jährige Angeklagte trieb sich am Abend des 12. Mai 1999 in angetrunkenem Zustand auf dem Bahnhof Berlin-Lichtenberg herum. Da sah er, wie sich zwei schwarze Männer – der am 15. August 1975 geborene George Namba Medjuli und der am 25. Mai 1970 geborene Wamba Duba, beide aus Kamerun, beide Studenten in Dresden – und eine weiße Frau miteinander unterhielten. Das störte den Angeklagten, der zu der brutalen Sorte der Neonazis gehört. Er mischte sich in das Gespräch ein, und als ihm keine Aufmerksamkeit zuteil wurde, wurde er immer unangenehmer und zudringlicher. Schließlich fiel er über Medjuli mit Faustschlägen und Fußtritten her und warf ihm dann noch mit großer Wucht eine Bierdose so ins Gesicht, daß die Unterlippe Medjulis durchtrennt wurde und Medjuli blutüberströmt ins Krankenhaus gebracht werden mußte.

Dieser Sachverhalt – gefährliche Körperverletzung nach §§ 223, 224, 21 StGB – hat sich in der Hauptverhandlung aus den glaubhaften Angaben der beiden Studenten und der weißen Frau ergeben.

Der Angeklagte, der bereits früher sehr unangenehm aufgefallen ist, sogar Jugendstrafe erhalten hat, was ja schon was heißen will, kommt mit den sechs Monaten Freiheitsstrafe gut davon. Die sechs Monate soll er aber auch gleich „absitzen", die Haftentlassung – der Angeklagte ist, man muß sagen: ausnahmsweise (vielleicht hielt man ihn wegen seines Namens für einen Russen, und die hält man schon eher mal fest) nach der Tat nicht sofort wieder entlassen worden – die Haftentlassung also, von Staatsanwältin und Verteidigerin gleichermaßen beantragt, wird sohin nicht angeordnet, was nur zugunsten des Angeklagten ausschlagen kann, nichts ist schlimmer als „heute raus, morgen wieder rein".

Die Kostenentscheidung beruht auf § 465 StPO.

Amtsgericht Tiergarten

Im Namen des Volkes

Der Angeklagte wird wegen vorsätzlichen Vollrausches zu einer Freiheitsstrafe von vier Monaten
verurteilt.
Er hat auch die Kosten des Verfahrens zu tragen.
§ 323a StGB

Gründe

Der Angeklagte, jetzt 24 Jahre alt, hat, so unwiderlegt und plausibel der Verteidiger in der Hauptverhandlung, in früher Kindheit einen Kopfschaden erlitten. Dieser Schaden, so der Verteidiger in der Hauptverhandlung weiter, wirke fort, führe dazu, daß der Angeklagte, trinke er Alkohol, nicht zurechnungsfähig sei. Daraus ergibt sich allerdings mühelos, daß der Angeklagte für seine Taten, die er unter Alkoholeinfluß begeht, gemäß § 323a StGB zur Verantwortung gezogen wird, wegen Vollrausches also, und zwar sogar wegen vorsätzlichen Vollrausches, denn er weiß, daß er unter gar keinen Umständen Alkohol trinken darf.

Am Abend des 6. Juni 2001 tobte wie öfter auf dem Grundstück in Berlin-Lichtenberg, das sich der Vietnamese Trix Xam Phu leichtsinnigerweise, so muß man sagen, dort zugelegt hat, eine „Party" mit ohrenbetäubendem Lärm. Herr Phu ist Übles gewohnt, diesen Abend aber entschloß er sich doch, die Polizei zu holen. Als er an einem Fenster auf die Polizei wartete, sichtete ihn dort der alkoholisierte Angeklagte. Der Angeklagte trat heran und äußerte sich zu Herrn Phu in dem Sinne und auch fast wörtlich, er hasse ihn, er solle abhauen, sonst mache man es mit ihm wie mit den Vietnamesen in Rostock und Hoyerswerda und zünde ihm das Haus an.

Dies hat sich in der Hauptverhandlung aus den glaubhaften Angaben Herrn Phus ergeben. Der Angeklagte hat sich dazu nicht geäußert. Die in dem Sachverhalt liegende Bedrohung nach § 241 StGB wird, wie ausgeführt, nach § 323a StGB verfolgt. Die Volksverhetzung, die in dem Sachverhalt eigentlich auch gesehen werden muß, liegt nur deshalb nicht vor, weil wahrscheinlich keine „Öffentlichkeit" im Sinne von § 130 StGB gegeben war.

In der Hauptverhandlung ist übrigens auch noch der Polizeimeister Peter Bremert gehört worden, weil seine Ausführungen in der Strafanzeige, dem sogenannten Formular 900, doch recht vieldeutig sind. In der Hauptverhandlung hat sich dazu ergeben, daß die Polizei zweimal am Ort war. Beim ersten Mal, wahrscheinlich um 21.20 Uhr, zog sie wieder ab, weil sich Herr Phu offensichtlich vom Straßenfenster kurz zurückgezogen hatte, beim zweiten Mal, gegen 22 Uhr, nahm sie dann, allerdings anscheinend sehr widerwillig, die Anzeige Herrn Phus auf. Und nicht nur widerwillig, sondern auch noch falsch: In der Anzeige heißt es, die Straftat habe um 17 Uhr stattgefunden. Herr Phu hat dazu in der Hauptverhandlung glaubhaft gesagt, wenn er 17 Uhr erwähnt haben sollte, dann nur in dem Zusammenhang, daß die „Party" bereits seit 17 Uhr auf seinem Grundstück tobe. Zum Verhalten der Polizei muß leider gesagt werden, was nach Herrn Phu ihm vom Angeklagten oder auch von anderen „Party"-Teilnehmern, ganz offensichtlich alles Neonazis, gesagt worden ist, daß man nämlich von der Polizei nichts zu befürchten habe. Zutreffend, denn auch nach 22 Uhr tobte die „Party" weiter, sie endete erst um 5 Uhr. Der ohrenbetäubende Lärm, mit dem Herr Phu alleingelassen wurde, hatte möglicherweise auch zum Mißverständnis über die Uhrzeit geführt. Es entstand der Eindruck, daß die Polizisten froh waren, wieder wegzukommen. Da mag Angst eine Rolle spielen, aber dann muß eben Verstärkung her.

Niemand, auch Herr Phu nicht, muß sich von Neonazis tyranni-
sieren lassen.

Der Angeklagte ist bereits als Neonazi hervorgetreten. Am 5. Juli
1999 wurde er wegen einer sehr unangenehmen Körperverletzung an einem Schwarzen zu einer Freiheitsstrafe von sechs
Monaten ohne Strafaussetzung zur Bewährung verurteilt. Das
Landgericht hat ihn am 29. Oktober 1999 auf Bewährung aus
dem Gefängnis hinausgelassen. In diese Bewährungszeit fällt die
neue Straftat. Der Angeklagte darf sich daher über die vier
Monate ohne weitere Strafaussetzung nicht wundern.

Die Kostenentscheidung beruht auf § 465 StPO.

Amtsgericht Tiergarten

Im Namen des Volkes

Der Angeklagte wird wegen gefährlicher Körperverletzung und wegen Beleidigung und unter Einbeziehung der Strafe aus dem Strafbefehl des Amtsgerichts Tiergarten vom
8. September 2000 zu einer
Gesamtfreiheitsstrafe von vier Monaten
verurteilt.
Die Vollstreckung der Strafe wird zur Bewährung ausgesetzt.
Der Angeklagte hat die Kosten des Verfahrens zu tragen.
§§ 223, 224, 185, 21, 53, 55 StGB

Gründe

Der 22jährige Angeklagte und ein gewisser Olaf Stielke, 20 Jahre alt, tranken in der Nacht vom 15. zum 16. Juni 2000 erheblich Alkohol und fielen dann erheblich aus der Rolle. Sie waren schon zwei Mal als Randalierer aufgefallen, durften aber jedes Mal ihren Weg und damit auch Straftaten fortsetzen. Am frühen Morgen fuhren die beiden in der S-Bahn. Zwischen den Bahnhöfen Biesdorf und Friedrichsfelde Ost machten sie den Louis Haberle aus. Der ist S-Bahn-Lokführer, war auf dem Weg zum Dienst, saß dort ruhig und bescheiden. So etwas ärgert Leute wie den Angeklagten und Stielke. Sie beschimpften ihn erstmal, indem sie „Jude" und „Russe" zu ihm sagten. Als sich Haberle dem entziehen wollte, indem er sich auf einen anderen Platz setzte, wurde er vom Angeklagten und von Stielke verfolgt, angerempelt, in den Magen geschlagen und schließlich – glücklicherweise hielt der Zug da schon – mit einem Tritt aus dem Waggon befördert.

Dieser Sachverhalt hat sich in der Hauptverhandlung aus den Angaben Haberles und des Polizeiobermeisters (BGS) Stefan Rudel sowie der Blutprobe ergeben. Der Angeklagte ist danach zum einen der Beleidigung (§ 185 StGB) schuldig. Zwar ist selbstverständlich weder „Jude" noch „Russe" für sich eine Beleidigung, aber hier sind die Wörter ja gerade als beleidigende Ausdrücke gemeint und gebraucht worden. Zum anderen liegt auch Körperverletzung (§ 223 StGB) vor, dies sogar als gefährliche Körperverletzung nach § 224 Abs. 1 Nr. 4 StGB, weil die Körperverletzung gemeinschaftlich begangen wurde.

Der Angeklagte hat in der Hauptverhandlung gar nicht einmal einen so ungünstigen Eindruck gemacht. Säuft er nicht und hält er sich von Neo-Nazis fern, kann es mit ihm sogar gutgehen. Um Freiheitsstrafe kommt er allerdings nicht herum. Nach vier straflos ausgegangenen Verfahren bei Jugendstaatsanwalt oder Jugendrichter und zwei kleineren Geldstrafen ist es jetzt soweit. Strafmildernd wird hier noch einmal Alkohol (§ 21 StGB) und schlechter Umgang gewertet. So mag für die Beleidigung eine Freiheitsstrafe von zwei, für die Körperverletzung eine Freiheitsstrafe von drei Monaten ausreichen. Zu diesen Strafen treten noch die bislang zu einer Gesamtgeldstrafe verbundenen drei Geldstrafen von je 10 Tagessätzen zu je 20 DM, zu denen der Angeklagte durch den Strafbefehl des Amtsgerichts Tiergarten vom 8. September 2000 verurteilt worden ist.

Die Vollstreckung der aus allen diesen fünf Strafen gebildeten Gesamtfreiheitsstrafe von vier Monaten wird zur Bewährung ausgesetzt. Der Bewährungshelfer wird den Angeklagten ab und zu daran zu erinnern haben, daß bei weiteren Straftaten nicht mehr solche Milde wie hier walten wird, schon gar nicht eine solche, wie sie Stielke beim Jugendrichter zuteil geworden ist. Stielke ist dort ganz ohne Strafe weggekommen, wohl weil er noch so jung ist, wobei nur mal nebenbei erwähnt werden soll, welcher Unfug darin steckt, den Leuten mit 18 das Wahlrecht einzuräumen, sie aber mit 20 noch zum Jugendgericht zu schicken. Das Jugendgericht ist ja bekanntlich für die 14- bis 20jährigen zuständig (Menschen unter 14 kommen gar nicht zum Strafgericht, sind in Deutschland strafunmündig). Die 14-, 15-, 16- und 17jährigen werden als „Jugendliche" bezeichnet, die 18-, 19- und 20jährigen als „Heranwachsende". Bei den „Heranwachsenden" hat das Jugendgericht eine „Gesamtwürdigung der Persönlichkeit" vorzunehmen und dann zu entscheiden, ob er seiner „sittlichen und geistigen Entwicklung" nach noch wie ein Jugendlicher oder schon wie ein Erwachsener zu behandeln ist. Das ist völlig überholt, anachronistisch. Heute ist man mit 18 volljährig, in der DDR übrigens schon immer, seit langem aber auch schon im alten Bundesgebiet. Man bedenke: Es gibt heute „heranwachsende" Bundes- und Landtagsabgeordnete, will man da im Fall der Fälle auch die sittliche und geistige Entwicklung „gesamtwürdigen"?

Die Kostenentscheidung beruht auf § 465 StPO.

Amtsgericht Tiergarten

Im Namen des Volkes

Der Angeklagte wird wegen versuchten Diebstahls in vier Fällen, wegen Diebstahls und wegen Hehlerei zu einer Gesamtfreiheitsstrafe von zehn Monaten
verurteilt.
Der Angeklagte hat die Kosten des Verfahrens zu tragen.
§§ 242, 243 Abs. 1 Nr. 1,
§§ 259, 21, 22, 53 StGB;
§ 17 Abs. 2 BZRG

Gründe

Der Angeklagte, jetzt 31 Jahre alt, ist seit vielen Jahren rauschgiftsüchtig. Mehrfach ist es deswegen schon zu strafbaren Handlungen gekommen, und häufig ist er auch schon verurteilt worden. Die vorliegenden Fälle sind alle als Fälle der sogenannten Beschaffungskriminalität zu bezeichnen, es sind die folgenden:

Am 12. Mai 1994 brach der Angeklagte im Keller des Hauses Soldiner Straße 54 in Berlin-Wedding mehrere Keller auf, um daraus zu stehlen. Es wurde aber nichts daraus, da er von einem Mieter gestellt wurde.

Am 19. Mai 1994 entriegelte der Angeklagte mit einem Werkzeug die Hintertür zu Geschäftsräumen in der Birkenstraße 17 in Berlin-Moabit, drang in die Räume ein und verschwand mit einer Computeranlage, einigen Werkzeugen und Bargeld.

In der Nacht vom 13. zum 14. Juni 1994 versuchte der Angeklagte in der Lützowstraße in Berlin-Tiergarten um zu stehlen, mit einem Werkzeug in einen Bauwagen der Baufirma Dahlewitz einzudringen, was ihm allerdings mißlang, weil die Polizei ihn auf frischer Tat festnehmen konnte (ihn allerdings auch kurz darauf wieder entließ).

Von der folgenden Nacht sind keine Straftaten des Angeklagten bekannt geworden, in der Nacht vom 15. zum 16. Juni 1994 indessen versuchte er, wiederum um zu stehlen, in einen Mieterkeller des Hauses Brüsseler Straße 72 in Berlin-Wedding einzudringen. Der Mieter bemerkte das jedoch und rief rechtzeitig die Polizei, die den Angeklagten erneut festnahm, ihn jedoch auch erneut wieder entließ.

In der Nacht vom 6. zum 7. Juli 1994 brach der Angeklagte in der Hauptstraße 19 in Berlin-Schöneberg, wiederum um zu stehlen, einen Bauwagen der Xaver-Thürl-GmbH auf. Bevor er noch mit Beute entkommen konnte, kam die Polizei und nahm ihn fest und ließ ihn laufen.

Der Angeklagte hat also in vier Fällen einen Diebstahl versucht und in einem Fall einen Diebstahl vollendet (§ 242 StGB jeweils in Verbindung mit § 243 Abs. 1 Nr. 1 und, weil der Angeklagte rauschgiftsüchtig ist, auch mit § 21, in den vier nicht vollendeten Fällen überdies mit § 22 StGB). Der Angeklagte hat die fünf Straftaten voll und ganz zugegeben.

Zu den fünf Straftaten tritt noch eine Hehlerei (§ 259 StGB). Der Angeklagte hat zugegeben, daß ihm irgendwann Anfang Mai 1994 von einem unbekannten Mann 56 Schallplatten übergeben worden sind, von denen er annahm, daß sie irgendwo gestohlen worden seien. Die Staatsanwaltschaft geht in ihrer Anklageschrift davon aus, daß der Angeklagte noch viel mehr Sachen aus dem Einbruch vom 30. April 1994 bei der „Happy Music Production" in der Dreysestraße 19 in Berlin-Moabit, woher die Schallplatten stammen, an sich gebracht hat, meint sogar, er habe den Einbruch womöglich selber begangen. Das allerdings ist Vermutung geblieben, kann und muß auch nicht genauer aufgeklärt werden, eine Hehlerei hat der Angeklagte jedenfalls begangen.

Der Angeklagte erhält für jeden Fall zwei Monate Freiheitsstrafe. Ohne Freiheitsstrafe kann er natürlich gar nicht mehr wegkommen, es gibt dafür zu viele Vorstrafen. Aus allen diesen Strafen ergibt sich die Gesamtfreiheitsstrafe von zehn Monaten. Mehr muß es nicht sein, zehn Monate sind lang, denn der Angeklagte soll sie auch „absitzen", Strafaussetzung zur Bewährung scheidet vollständig aus. Der Angeklagte hatte genügend Chancen, vom Rauschgift wegzukommen, Erfolg hatte er nicht.

Noch ein Wort zu den Strafanträgen der Amtsanwaltschaft in der Hauptverhandlung, da wurde eine Freiheitsstrafe von sage und schreibe zweieinhalb Jahren verlangt. Wie soll man das nennen? Durchgreifen? Konsequente Strafverfolgung? Nein, das nennt man: auf den Pudding hauen! Erst den Angeklagten immer wieder rauslassen, sich nicht trauen, ihn ins Gefängnis mitzunehmen. In allen Fällen wurden beim Angeklagten Fixerutensilien gefunden, und man wußte immer, daß der Angeklagte rauschgiftsüchtig ist und viele Vorstrafen hat. Gleichwohl wurde er immer wieder zu neuen Taten, so kann man das nur nennen, entlassen. Die Staatsanwaltschaft/Amtsanwaltschaft begnügte sich damit, ab und an eine kleine Anklage herzureichen, ohne Antrag auf Haftbefehl oder dergleichen. Erst das Amtsgericht erbarmte sich des Angeklagten und der mittlerweile vielen Verfahren und erließ von sich aus den Haftbefehl vom 19. Oktober 1994, auf Grund dessen der Angeklagte schließlich nach einigen neuen Straftaten am 18. Januar 1995 festgenommen wurde. Nicht harte Strafen verhindern Straftaten, sondern deren konsequente Verfolgung!

Die Kostenentscheidung beruht auf § 465 StPO.

Warstädt

Amtsgericht Tiergarten

Im Namen des Volkes

Der Angeklagte ist des Diebstahls schuldig; er wird deshalb verwarnt. Es bleibt vorbehalten, den Angeklagten zu einer Geldstrafe von fünfzehn Tagessätzen zu je dreißig DM zu verurteilen.
Er hat auch die Kosten des Verfahrens zu tragen.
§ 242 StGB

Gründe

Der Angeklagte nahm am 14. November 1998 bei „Kiepert" in der Hardenbergstraße ein Buch („Miet- und Wohnrecht") an sich, um es ohne Zahlung des Kaufpreises von 75 DM für sich zu behalten. Dieser Diebstahl, strafbar nach § 242 StGB, hat sich in der Hauptverhandlung aus den glaubhaften Angaben des als Zeugen gehörten Ladendetektivs Michael Hahn ergeben.

Der 53jährige Angeklagte, der ohne Vorstrafen ist, wird hier nur verwarnt. Seinen längeren Ausführungen ließ sich entnehmen, daß er durch die vor einigen Jahren durchgeführte Auflösung der (West-) Berliner Staatstheater (Schiller- und Schloßparktheater), an denen er Bühnenarbeiter war, schwer mitgenommen ist, weil er dadurch seine bis dahin sicher geglaubte Existenz verloren hat. Das ist durchaus glaubhaft und wird berücksichtigt. Auch die kürzliche „Ermordung" des Metropoltheaters, so hört man, hat bei vielen Betroffenen zu Depression und Panik geführt. Man sieht also, das Schließen eines Theaters ist durchaus nicht nur eine künstlerische, sondern auch eine menschliche Katastrophe.

Das kann dem Angeklagten aber nur einmal zugute gehalten werden. Sollte er wieder eine Straftat begehen, so verliert er hier die Vergünstigung und wird zu der an sich angemessenen Geldstrafe von 15 Tagessätzen zu je 30 DM verurteilt werden.

Die Kostenentscheidung beruht auf § 465 StPO.

Warnstadt

Amtsgericht Tiergarten

Im Namen des Volkes

Die Angeklagten werden freigesprochen.
Die Kosten des Verfahrens und die notwendigen Auslagen der Angeklagten fallen der Landeskasse zur Last.

Gründe

Die beiden Angeklagten sind seit 1982 miteinander verheiratet, der Mann ist Türke, die Frau Deutsche. Ihnen wird zur Last gelegt, sie hätten, um dem Ehemann die Aufenthaltserlaubnis zu verschaffen, am 24. Juli 1987 vor der Berliner Ausländerbehörde die Erklärung abgegeben, sie wohnten zusammen in einer Wohnung in Berlin-Steglitz. Da diese Erklärung falsch sei, hätten sich beide durch die Abgabe der Erklärung strafbar gemacht, der Mann wegen Verstoßes gegen § 47 Abs. 1 Nr. 6 des Ausländergesetzes, die Frau wegen Beihilfe dazu. In der Hauptverhandlung ist festgestellt worden, daß von Strafbarkeit keine Rede sein kann.

Beide Angeklagten haben in der Hauptverhandlung gesagt, ihre Erklärung vor der Ausländerbehörde sei richtig. Die Hauptverhandlung hat nichts erbracht, was an der Aussage der Angeklagten zu Zweifeln Anlaß gäbe. Drei Zeugen sind in der Hauptverhandlung dazu vernommen worden. Anneliese Peschke, eine ältere Bewohnerin des Hinterhauses, hat bekundet, sie habe den Angeklagten noch nie gesehen. Das sagt gar nichts. Das Haus ist ein großes Mietshaus und liegt in der Großstadt Berlin. Es ist schon ein rechtes Armutszeugnis, mit einer solchen Aussage eine solche Anklage stützen zu wollen. Ebenfalls von der Staatsanwaltschaft benannt ist der Zeuge Polizeiheihauptkommissar Marsollek. Herr Marsollek ist von den Ermittlungsbehörden mit richterlicher Erlaubnis in die Wohnung geschickt worden, um nach Spuren für die Anwesenheit oder Abwesenheit des Angeklagten zu suchen. Er hat sich dabei alles ganz genau angeguckt, hat auch vor dem Bett und der Schmutzwäsche nicht Halt gemacht und ist dennoch zu einem selbst für ihn eindeutigen Ergebnis nicht gekommen. Was er gesagt hat, kann so und kann so ausgelegt werden und muß daher zugunsten der Angeklagten gehen. Der dritte Zeuge schließlich, der 22jährige Kamil Sevim, hat sogar bekundet, er habe den Angeklagten in dem Hause, in dem auch er wohne, öfter mal an der Wohnung der Angeklagten gesehen.

Diesen Strafprozeß hätte es nicht geben dürfen, aus verschiedenen Gründen nicht. Er ist diskriminierend. In ihm werden Menschen nur deshalb schlechter behandelt, weil sie mit einem Ausländer verheiratet oder selbst Ausländer sind. Die Ehe der beiden Angeklagten wird nämlich nur deshalb angezweifelt, weil der eine Ehegatte nicht die deutsche Staatsangehörigkeit hat. Der Prozeß verstößt zugleich auch gegen die Menschenwürde. Die Angeklagten werden aufgefordert anzugeben, welchen Zweck ihre Ehe habe und wo sie sich kennengelernt hätten usw. So etwas geht niemanden etwas an. Der Prozeß verstößt auch gegen Geschmack und Anstand. Die Wohnung der Angeklagten ist durchsucht worden, es ist im Bett nachgesehen worden, in der Schmutzwäsche ist gestochert worden, im Haus sind Nachbarn zur Wiedergabe von Klatsch und Tratsch aufgefordert worden. Das sind keine Ermittlungen, sondern Schnüffeleien, die auch nur anzuhören schon eine Zumutung ist. Die Staatsanwaltschaft wird dringend gebeten, ihre Finger von solchen Sachen zu lassen.

Die Kostenentscheidung beruht auf § 467 Abs. 1 StPO.

Amtsgericht Tiergarten

Im Namen des Volkes

Die Angeklagten werden wegen gefährlicher Körperverletzung, zugleich auch noch begangen mit Sachbeschädigung, jede zu einer
Freiheitsstrafe von vier Monaten
verurteilt.
Die Vollstreckung der Strafen wird zur Bewährung ausgesetzt.
Die Angeklagten haben die Kosten des Verfahrens zu tragen und die Kosten der Nebenklage.
§§ 223, 224, 303, 21, 52 StGB

Gründe

Mit den beiden Angeklagten, die eine ist 51, die andere 42 Jahre alt, ist nicht gut Kirschen essen, besonders dann nicht, wenn sie, wie in dem hier zu beurteilenden Fall, unter Alkohol stehen. Das bekam in der Nacht vom 17. zum 18. Mai 2000 der Berliner Taxifahrer Samir Eroglu drastisch zu spüren. Die Angeklagten hatten aus und über die „Zwitscherklause" in der Nazarethkirchstraße in Berlin-Wedding ein Taxi bestellt. Als Eroglu kam, wollten sie nicht mit ihm fahren, weil sein Taxi ein Nichtraucherauto ist. Eroglu bot an, über Funk ein Raucherauto zu holen, wollte aber nicht ganz umsonst gekommen sein, sondern wollte ein „Anfahrgeld" von 6 oder 8 DM haben, das, wie er in der Hauptverhandlung gesagt hat, üblich, jedenfalls wohl nicht unüblich ist.

Da die Angeklagten ihm dieses Geld verweigerten, ging Eroglu in die „Zwitscherklause". Als die Angeklagten merkten, daß

Eroglu dort von der netten Wirtin das „Anfahrgeld" erhielt, gerieten sie in mächtigen Zorn. Sie nahmen Eroglu in ihre Mitte und schlugen auf ihn ein und zertraten ihm auch noch die Brille, als diese runtergefallen war. Zu dem Angriff ist noch auszuführen, daß Eroglu ein kleiner, zerbrechlich wirkender Mann ist, während die Angeklagten von nicht unbedeutender Körperfülle sind, die Angeklagte Sattler, noch heute recht imposant, hat in der Hauptverhandlung gesagt, sie habe damals glatte 100 kg mehr gewogen. Auch wenn das Übertreibung sein sollte, jedenfalls mußte sich Eroglu noch in der Nacht ins Krankenhaus begeben und konnte über eine Woche nicht arbeiten.

Der Sachverhalt, strafbar als gemeinschaftliche und damit gefährliche Körperverletzung, zugleich auch als Sachbeschädigung, hat sich in der Hauptverhandlung aus den glaubhaften Angaben Eroglus ergeben.

Die Angeklagten kommen mit den Freiheitsstrafen von vier Monaten mit Strafaussetzung noch ganz gut davon, ohne gnädige Anwendung von § 21 StGB wäre es noch mehr geworden. Und der Vermutung, die Angeklagten hätten es auf das „Anfahrgeld" abgesehen, ist ebenfalls gnädig nicht weiter nachgegangen worden.

Die Kostenentscheidung beruht auf § 465 und § 473 StPO.

Warastadt

Amtsgericht Tiergarten

Im Namen des Volkes

Der Angeklagte wird wegen exhibitionistischer Handlungen zu einer
Geldstrafe von dreißig Tagessätzen zu je zehn DM
verurteilt.
Er hat auch die Kosten des Verfahrens zu tragen.
§ 183 StGB

Gründe

Der Angeklagte, 53 Jahre alt, winkte am 25. September 1998 von seinem Balkon der 16jährigen Nicole Radek, die er im gegenüberliegenden Haus auf einem anderen Balkon sah, zu und begann dann, nachdem er sich der Aufmerksamkeit der Nicole Radek sicher war, an seinem Geschlechtsteil zu manipulieren. Dieser Sachverhalt, ein Verstoß des Angeklagten gegen § 183 StGB, hat sich in der Hauptverhandlung aus den glaubhaften Angaben der Nicole Radek ergeben, die für das Verhalten des Angeklagten die Worte fand, der Angeklagte habe sich vor ihren Augen „einen runtergeholt".

Der Staatsanwalt hat unter Verweis auf Vorstrafen des Angeklagten, auch einschlägige – der Angeklagte steht wegen exhibitionistischer Handlungen in einem Verfahren sogar unter Bewährung – eine Freiheitsstrafe von sechs Monaten ohne Strafaussetzung zur Bewährung gefordert. Das übersteigt aber das Angemessene, wird dem nicht gerecht, daß heutzutage überall entblößt wird, man kann dem gar nicht entgehen. Wer zählt die

Geschlechtsteile und Schamhaare, die tagtäglich durch bunte Blätter, Fernsehen und Film schamlos ins Volk gezeigt werden! Mit der Geldstrafe von 30 Tagessätzen zu je 10 DM wird der eigentlich etwas bedauernswerte Angeklagte durchaus ausreichend auf sein Fehlverhalten hingewiesen.

Die Kostenentscheidung beruht auf § 465 StPO.

Amtsgericht Tiergarten

Im Namen des Volkes

Der Angeklagte wird wegen zwölf Diebstählen und wegen fünf versuchter Diebstähle zu einer
Gesamtfreiheitsstrafe von einem Jahr
verurteilt.
Er hat auch die Kosten des Verfahrens zu tragen.
§§ 242, 243 Abs. 1 Nr. 1, 22, 53 StGB

Gründe

Wie gut, daß es ein Präsidium des Amtsgerichts gibt, das weiß Bescheid! Es sagt, der Angeklagte heiße „Seweryn". Nun, das sagt der Angeklagte auch und zwar ganz genau: Roman Sebastian Seweryn. Immerhin aber ist der Angeklagte auch schon als „Marek Kowalski" verurteilt worden, und er wird beim Bundeskriminalamt als „Piotr Domczyk" geführt.

Nun sagt der Angeklagte allerdings auch, er sei erst 17, nämlich am 22. Mai 1979 in Wroclaw (früher Breslau)/Polen geboren. Das nun, sagt das Präsidium, stimme nicht. Der Angeklagte sei mindestens 21 und gehöre daher zum Erwachsenenrichter. Dabei kann sich das Präsidium, wie übrigens auch der Jugendrichter, bei dem die Sache zunächst angeklagt war, der aber meinte, der „Erwachsenenrichter" sei zuständig, indessen auf Wissenschaft berufen. Der Jugendrichter hatte die „röntgenologische und klinische Untersuchung des Angeklagten zur Bestimmung seines Lebensalters ... auf forensisch-odontologischem Wege ... angeordnet" und dabei übrigens zugleich bestimmt, daß der Angeklagte „unter ständiger Fesselung zur Durchführung der Untersuchung" ausgeführt werde. Die Sache kam zu einem Professor der Abteilung für Zahnerhaltung und Präventivzahnmedizin des Zentrums für Zahnmedizin des Universitätsklinikums Charité der Medizinischen Fakultät der Humboldt-Universität zu Berlin. In einer „forensisch-odontologischen Alterschätzung" kam der Professor für 224 DM zu dem Ergebnis, daß der Angeklagte das 21. Lebensjahr „überschritten haben (dürfte)".

Das alles ist, wenn auch nur mäßig, heiter, was jetzt kommt, ist es weniger:

In der Nacht vom 21. zum 22. Oktober 1996 brach der Angeklagte gemeinsam mit einem anderen jungen Polen, von dem er angeblich nur den Vornamen Leczek kennt, in der Laubenkolonie „Holzweg" sage und schreibe 15 Lauben auf, um aus ihnen zu stehlen. Aus zehn Lauben stahl er auch, und zwar aus der Laube der Parzelle 12 einen Kaffeeautomaten und ein Toastgerät, aus der Laube Parzelle 30 zwei Jogginganzüge, aus der Laube Parzelle 33 ein „Akku-Bohrschrauber-Set" und einen Karton mit sechs Flaschen Sekt, aus der Laube Parzelle 34 zwei elektrische Handwerksgeräte und rund 15 Musikkassetten, aus der Laube Parzelle 35 einen Rohrgewindeschneider und zwei Zangen, aus der Laube Parzelle 37 einige Süßigkeiten, aus der Laube Parzelle 39 einen Koffergrill, einen elektrischen Wasserkocher und zwei Trainingsanzüge, aus der Laube Parzelle 40 einen Mikrowellenherd, aus der Laube Parzelle 41 eine Lederjacke und ein Kassettenradio und aus der Laube Parzelle 43 eine Öljacke, eine Lederjacke und einen Rasierapparat. Aus fünf Lauben wurde nichts mitgenommen, weil man offensichtlich nichts Mitnehmenswertes fand, und zwar bei den Lauben Parzelle 13, 17, 20, 31 und 32.

Zu diesen 15 Straftaten, also zehn vollendeten Einbrüchen (§§ 242, 243 Abs. 1 Nr. 1 StGB) und fünf versuchten Einbrüchen (§§ 242, 243 Abs. 1 Nr. 1 in Verbindung mit § 22 StGB) kommen noch zwei weitere Straftaten. Am 3. Dezember 1996 brach der

Angeklagte in, wie es in der Anklageschrift heißt, „natürlicher Handlungseinheit" im Hause Kantstraße 23 in Berlin-Charlottenburg vier Kellerverschläge auf, um aus ihnen zu stehlen. Aus einem Kellerverschlag stahl er auch, und zwar ein Fahrrad, mit dem er am Abend desselben Tages in Charlottenburg herumfuhr. Dabei kam er an einem „Warenträger", also an so einer Art Gestell, das Waren trägt, vorbei. Diesen „Warenträger" hatte die Firma „Alfred's Sport und Reise Shop" vor ihr Geschäft mit Waren auf die Straße gestellt, daß man sich bediene. Der Angeklagte bediente sich, aber man soll natürlich bezahlen. Das machte der Angeklagte jedoch nicht. Ohne zu bezahlen nahm er je zwei Hemden und Regenanzüge, Gesamtverkaufspreis 328,70 DM, an sich und fuhr weiter. Weit kam er allerdings nicht, da er von Polizeibeamten beobachtet worden war und mitgenommen und – siehe da, das gibt es also auch – ins Gefängnis gebracht wurde.

Der Angeklagte erhält für jeden Fall des vollendeten Einbruchs, also elf Mal, drei Monate Freiheitsstrafe, für die übrigen Straftaten je zwei Monate. Aus allen diesen Strafen ergibt sich das eine Jahr Gesamtfreiheitsstrafe, rechnerisch milde, aber der Angeklagte soll im Gefängnis bleiben, bis er die Strafe verbüßt hat. So wird die rechnerische Milde wieder angemessen ausgeglichen.

Die Kostenentscheidung beruht auf § 465 StPO.

Amtsgericht Tiergarten

Im Namen des Volkes

Die Angeklagten Kuchenbecker und Seidel werden wegen räuberischer Erpressung zu Freiheitsstrafen verurteilt,
Kuchenbecker zu acht Monaten,
Seidel zu einem Jahr sechs Monaten.
Die Vollstreckung der gegen Kuchenbecker verhängten Strafe wird zur Bewährung ausgesetzt.
Die Angeklagten haben die Kosten des Verfahrens zu tragen.
§§ 253, 255, 249 Abs. 2, §§ 21, 25 Abs. 2 StGB

Gründe

Die Angeklagten Seidel und Kuchenbecker, beide 23 Jahre alt, und der noch flüchtige Lutz Steinhagen umstellten am Abend des 2. Mai 1996 auf der Dörpfeldstraße in Berlin-Adlershof den 19jährigen Olav Baumbach und forderten von ihm, seine Sachen herauszugeben, zunächst seine Mütze, dann auch die Jacke, den Rucksack mit einem „Walkman", einigen Tonbandkassetten und einem Schlüsselbund, auch sein Portemonnaie, dem sie, bevor sie es ihm allerdings zurückgaben, 50 DM entnahmen, und einen Gürtel. Olav Baumbach gab die Sachen heraus, weil er vor der Übermacht Angst hatte. Er befürchtete, wenn er nicht widerstandslos herausgebe, geschlagen zu werden.

Dieser Sachverhalt hat sich in der Hauptverhandlung aus den glaubhaften Angaben Baumbachs ergeben. In dessen Aussage gibt es Unklarheiten und Auslassungen, und so ist es kein Wunder, daß in der Hauptverhandlung scharf, manchmal allerdings auch zu scharf, auf ihn eingewirkt worden ist. Im Ergebnis ist festzuhalten, daß er die Wahrheit gesagt hat. Er ist ein anständiger Junge, was sich schon daraus ergibt, daß er einer der wenigen ist, der den anstrengenden, mit frühem Aufstehen verbundenen Beruf des Bäckers erlernt. Man muß sich einfach damit abfinden, daß es vielleicht nicht zu seinen Stärken zählt, eine von Unklarheiten ganz freie Aussage zu machen. Was zählt, ist der Kern, und der stimmt.

Die Angeklagten haben sich eigentlich nicht geäußert, sie haben gesagt, sie hätten, da sie angetrunken gewesen seien, keine Erinnerung gerade an die fragliche Zeit. Nun, das stimmt, angetrunken waren sie. Aus den Blutproben ergibt sich, daß Kuchenbecker um 23.10 Uhr 2,1 Promille und daß Seidel um 23.30 Uhr 1,61 Promille Alkohol im Blut hatte. Als Tatzeit kann 20.30 bis 21 Uhr angenommen werden.

Der Sachverhalt ist gemeinschaftliche räuberische Erpressung (§§ 253, 255, 25 Abs. 2 StGB). Es wird ein minderschwerer Fall gemäß § 249 Abs. 2 StGB angenommen, weil sich der Vorfall doch noch einigermaßen zivil abgespielt hat, wenn das auch vor allen Dingen dem klugen Verhalten des Bäckerlehrlings zu danken ist.

Die Strafen sind bei den Angeklagten sehr unterschiedlich. Bei beiden wird § 21 StGB in Rechnung gestellt, beide haben aber sehr unterschiedliche Vorbelastungen. Zwar liefen gegen Kuchenbecker schon sieben Verfahren, die aber alle eigentlich keine Warnfunktion gehabt haben. Das schlimmste waren 30 Tagessätze wegen gemeinschaftlichen Diebstahls und vorsätzlichen Fahrens ohne Fahrerlaubnis und schließlich als Ergebnis des siebten Strafverfahrens (Diebstahl und zugleich damit begangene Trunkenheit im Straßenverkehr) eine Woche Jugendarrest. So mag Kuchenbecker milde davonkommen, die acht Monate sind angemessen. Nachdem er nun wenigstens rund drei Wochen Gefängnisluft geatmet hat, wird angenommen, daß er sich ab jetzt anständig benimmt. Er wohnt jetzt auch nicht mehr in Berlin, sondern mit seiner Freundin, die ein Kind von ihm erwartet, in ländlicher, hoffentlich friedlicherer Gegend.

Ganz anders sieht es bei Seidel aus. Die Vorstrafen sind erdrückend. Ein entsetzlicher Vorfall in der Straßenbahn mit Todesfolge geht als schwerste, aber nicht einzige Straftat auf sein Konto. Vom Landgericht Berlin hat er dafür eine Jugendstrafe von vier Jahren erhalten, im September 1994 wurde er, damit er sich bewähre, entlassen. Da wiegt die neue Straftat ganz anders, auch wenn es jetzt bei der Androhung von Gewalt geblieben ist. Allerdings hat sich in der Hauptverhandlung noch aus der Aussage Baumbachs, die von anderen Zeugen im wesentlichen bestätigt worden ist, ergeben, daß Seidel bei seiner Festnahme Baumbach noch drohte, er werde ihn beim nächsten Zusammentreffen in Stücke schlagen. Da sind die anderthalb Jahre noch eine milde Strafe, nicht nur, wenn man bedenkt, was das Landgericht in der vom Verteidiger eingeholten Haftbeschwerdeentscheidung ausgeführt hat, wonach die Straferwartung „eher bei vier Jahren Freiheitsstrafe als bei drei Jahren Freiheitsstrafe" liegt.

Noch ein Wort zur Untersuchungshaft: Alle drei Verdächtigen sind nach der Tat festgenommen worden und dann wieder entlassen. Wer so verfährt, hat nicht begriffen, worum es im Strafprozeß geht. Mehr noch: trägt dazu bei, daß es zu weiteren Straftaten kommt. Dafür gibt es, wenn man sich tatsächlich aufmerksam und lebensnah damit befaßt und Ohren und Augen offenhält, viele Beispiele. Wie zum Beweise dessen ist gerade zur Hauptverhandlung eine neue Strafanzeige gegen Seidel eingetroffen. Verdacht der gefährlichen Körperverletzung, Tatzeit sage und schreibe zwei Tage nach der Straftat des vorliegenden Verfahrens. Untersuchungshaft ist wesentlicher Teil der Strafverfolgung. Spricht man vom Recht des Täters auf Freiheit von Untersuchungshaft, darf man nicht vergessen, daß es auch ein Recht gibt, nicht Opfer von Straftaten zu werden. Das sollte jedermann bedenken, der sich mit Strafverfolgung befaßt.

Die gebräuchlichen Gründe dafür, keine Untersuchungshaft anzuordnen, sind „Haft wäre unverhältnismäßig" und „Beschuldigter hat festen Wohnsitz". Wo aber als Strafe Freiheitsstrafe zu erwarten ist, ist Untersuchungshaft immer „verhältnismäßig", und es müssen schon ganz besondere Gründe vorliegen, um da von Haft abzusehen. Und was den „festen Wohnsitz" angeht, so scheint man sich mit einer einfachen Meldeadresse in letzter Zeit so fast alles erlauben zu können ohne Gefahr zu laufen, seinen Strafprozeß in der Gefängniszelle zu erwarten, was übrigens einzig Eindruck macht.

Die Kostenentscheidung beruht auf § 465 StPO.

Amtsgericht Tiergarten

Im Namen des Volkes

Der Angeklagte wird wegen fortgesetzter vorsätzlicher Körperverletzung und zugleich damit begangener Beleidigung zu einer Freiheitsstrafe von zehn Monaten
verurteilt. Die Vollstreckung der Strafe wird zur Bewährung ausgesetzt.
Der Angeklagte hat die Kosten des Verfahrens zu tragen und er hat den Nebenklägern auch ihre notwendigen Auslagen zu erstatten.
§§ 185, 223, 52 StGB

Gründe

Dem 47jährigen Angeklagten fiel eines Tages während seiner damaligen Tätigkeit als Bürobote der Bundesversicherungsanstalt für Angestellte ein kurzer Lebenslauf des Günter Wilson in die Hände. Was er da über Wilson erfuhr, stellte er in Beziehung zu sich und befand alles als ungerecht. Wilson war wie er aus der DDR nach West-Berlin gekommen, Wilson als Diplom-Ingenieur, der Angeklagte aber war in der DDR der Oberschule verwiesen worden. Wilson bekam in West-Berlin sofort staatliche Unterstützung, der Angeklagte hatte bei seiner Übersiedlung nichts bekommen, hatte zwar bei einem Onkel Unterschlupf gefunden, die Schule aber nicht bis zum Abschluß besuchen können. Wilson bekam öffentliche Mittel als Kranker und als Arbeitsloser, er, der Angeklagte, war nie krank, hatte immer gearbeitet, war nie arbeitslos, hält einen, der wie Wilson im 30. Lebensjahr krank oder arbeitslos ist, für einen Drückeberger. In dem Angeklagten stiegen Haßgefühle empor, und da, wie er meinte, niemand da ist, der Ungerechtigkeiten dieser Art ahndet, entschloß er sich, Wilson zu bestrafen. Seinen Entschluß führte er wie folgt aus: Er rief zwischen dem 17. Oktober und dem 31. Dezember 1983 insgesamt siebzehnmal bei Angela Meinberg an, der Freundin Wilsons, von der er wußte, daß sie mit Wilson zusammen wohnt, und beschimpfte sie und Wilson mit üblen Ausdrücken wie Kanalratte, Ostratte, Schmarotzer, Ostnutte, haut ab in den Osten, Stück Dreck. Außerdem schickte er Wilson per Adresse Frau Meinberg noch drei Postkarten mit ähnlichem Inhalt. Die ständigen Anrufe und die Postkarten führten bei Frau Meinberg und Wilson zu Nervosität, Angstzuständen und Appetitlosigkeit und bei Wilson auch noch zu einem Wiederaufbrechen asthmatischer Beklemmungen.

Der Sachverhalt hat sich, was den äußeren Ablauf angeht, in der Hauptverhandlung aus den Angaben des Angeklagten selbst ergeben, was die Beeinträchtigung des Gesundheitszustandes Frau Meinbergs und Wilsons angeht, aus den Angaben dieser beiden Zeugen. Der Sachverhalt ist fortgesetzte vorsätzliche Körperverletzung (§ 223 StGB) und zugleich auch fortgesetzte Beleidigung (§ 185 StGB).

Die Strafe ist mit den zehn Monaten Freiheitsstrafe hoch, zumal wenn man bedenkt, daß der Angeklagte bislang ohne Straftaten durchs Leben gegangen ist. Wer aber so haßerfüllt andere Leute quält, muß streng angefaßt werden. Der Angeklagte hat sich zum selbstherrlichen Richter über andere aufgeworfen und dies noch aufgrund unvollständiger Informationen und ohne viel nachzudenken und völlig ohne Mitgefühl für seine Opfer.

Die Vollstreckung der Strafe ist zur Bewährung ausgesetzt worden, weil der Angeklagte wahrscheinlich keine weiteren Straftaten begehen wird. In seinem vollen Geständnis kann ein innerliches Abrücken von der Tat gesehen werden.

Die Kostenentscheidung beruht auf § 465 und § 473 StPO.

Amtsgericht Tiergarten

Im Namen des Volkes

Die Angeklagte ist der fahrlässigen Körperverletzung schuldig; sie wird deshalb verwarnt.
Es bleibt vorbehalten, sie zu einer
Geldstrafe von zehn Tagessätzen zu je dreißig DM
zu verurteilen.
Die Angeklagte hat die Kosten des Verfahrens zu tragen.
§ 230 StGB

Gründe

Die 32jährige Angeklagte, die Verkäuferin an dem Imbißstand Beethovenstraße in Berlin-Lankwitz ist, verkaufte in den Abendstunden des 14. Januar 1982 an die am 28. Januar 1968 geborene Schülerin Manuela Schumann zwei Flaschen Apfelkorn. Manuela Schumann trank den Alkohol zusammen mit drei weiteren Kindern aus, und das war die wesentliche Ursache dafür, daß allen vier Kindern schlecht wurde und daß sie ins Krankenhaus mußten. Ob die Flaschen Apfelkorn die alleinige Ursache waren, konnte nicht festgestellt werden. Die Kinder hatten vorher auch schon Alkohol getrunken; sie sind in einem Kinderheim, und dort wird, wie man hören mußte, viel Alkohol getrunken. Die Manuela Schumann ist für ihr Alter besonders groß, bei flüchtigem Hinsehen kann man sie für erheblich älter halten, bei genauerem Hinsehen kann man aber doch feststellen, daß sie noch ein Kind ist. Sie wird wegen ihres Aussehens von den anderen Kindern des öfteren zum Schnapskaufen geschickt. Bei der Angeklagten war sie zum ersten Mal am Kiosk. Die Angeklagte ist normalerweise eine sehr umsichtige und vorsichtige Frau, gerade was die Abgabe von Alkohol an Kinder angeht. Sie weiß, daß nach dem Jugendschutzgesetz der Verkauf von Alkohol an Kinder verboten ist.

Der Sachverhalt ist in der Hauptverhandlung aufgrund der Angaben der Angeklagten, der Kinder Manuela Schumann und Kerstin Altendorf sowie des Hermann Hoffmann, eines Stammkunden an dem Kiosk in der Beethovenstraße, festgestellt worden. Er ergibt, daß die Angeklagte eine Ursache für die Körperverletzung der Kinder gesetzt hat und daß sie durch Nachfrage bei Manuela Schumann deren Alter hätte feststellen können. Die Angeklagte ist daher wegen Verstoßes gegen § 230 StGB, also wegen fahrlässiger Körperverletzung strafbar.

Das Verschulden der Angeklagten ist nicht sehr groß, es ist tatsächlich nicht viel mehr als eine Unaufmerksamkeit. Die Angeklagte hat in der Hauptverhandlung einen guten Eindruck gemacht, eine jugendrichterliche Weisung von vor acht Jahren hat sie sich offensichtlich zu Herzen genommen, Vorstrafen gibt es nicht. Und so wäre das Verfahren auch nach § 153a Abs. 2 StPO eingestellt worden, wäre die Angeklagte sogleich freudig und dankbar auf das Angebot des Amtsanwalts eingegangen, eine Buße von 500 DM zu zahlen. Als Freude und Dankbarkeit auch nur einen Augenblick ausblieben – selbst der Richter hatte keine Zeit zum Nachdenken, immerhin stellte die geforderte Buße fast die Hälfte des Monatseinkommens der Angeklagten dar –, kam es dann recht unvermittelt zu einem Strafantrag von 800 DM.

Richtig ist, die Angeklagte nur zu verwarnen und sich die Verurteilung zu der an sich angemessenen Geldstrafe von 10 Tagessätzen zu je 30 DM nur für den Fall vorzubehalten, daß die Angeklagte wider Erwarten wieder eine Straftat begeht oder die Auflage (Buße von 100 DM) nicht erfüllt.

Die Kostenentscheidung beruht auf § 465 StPO.

Warnstädt

Amtsgericht Tiergarten

Im Namen des Volkes

Der Angeklagte wird wegen vorsätzlichen Vollrausches zu einer Freiheitsstrafe von einem Jahr
verurteilt.
Die Vollstreckung der Strafe wird zur Bewährung ausgesetzt.
Der Angeklagte hat die Kosten des Verfahrens zu tragen und der Nebenklägerin die notwendigen Auslagen zu erstatten.
§ 323a StGB

Gründe

Der 35jährige Angeklagte trank in der Nacht vom 18. zum 19. August 1996 reichlich Alkohol und nahm wahrscheinlich auch noch andere Drogen zu sich, so daß er sich schließlich – jedenfalls ist das nicht auszuschließen – in einen Rausch versetzt hatte. In diesem Zustand fiel er am frühen Morgen des 19. August 1996 über die 1938 geborene Hauswartsfrau Monika Kamm her, die gerade zu den Mülleimern des von ihr betreuten Hauses in Berlin-Moabit ging. Der Angeklagte war der Frau zufällig ansichtig geworden, er riß sie von hinten zu Boden, wälzte sich auf sie, drückte ihr mit dem Arm auf die Kehle und hielt ihr den Mund zu, um sie am Schreien zu hindern, wollte ganz offensichtlich zum Geschlechtsverkehr kommen, sagte nämlich, daß er Frau Kamm „ficken" wolle. Indessen hatten die Nachbarn Günter Kohl und Michael Schumann Hilferufe der Frau Kamm gehört. Sie eilten herbei, befreiten Frau Kamm aus ihrer unangenehmen Lage, übergaben den Angeklagten der Polizei. Frau Kamm mußte mit Hautabschürfungen an Knien und

Ellbogen und mit einem Schock ins Krankenhaus gebracht werden.

Dieser Sachverhalt hat sich in der Hauptverhandlung aus den glaubhaften Angaben der Frau Kamm sowie der beiden erwähnten Männer Kohl und Schumann ergeben. Was den Rauschzustand des Angeklagten angeht, so wird dieser aus den Angaben des Angeklagten zum Drogengebrauch und aus dem Ergebnis der Alkoholblutprobe gefolgert. Der Angeklagte hatte um 7.44 Uhr – Tatzeit etwa zwei Stunden davor – 1,59 Promille Alkohol im Blut. Zusammen mit anderen, schärferen Drogen kann das durchaus zu einem Vollrausch im Sinne von § 20 StGB geführt haben. Ein Sachverständiger, wie vom Verteidiger gefordert, ist nicht beigezogen worden. Da dem Sachverständigen außer der Blutprobe nichts wirklich Handfestes zu seinem Gutachten hätte mitgegeben werden können, hätte er auch nur vermuten oder spekulieren können, dazu braucht man keinen Sachverständigen.

Zugunsten des Angeklagten wird also von einem Vollrausch ausgegangen, allerdings von einem, in den sich der Angeklagte vorsätzlich versetzt hat. Denn er hat zumindest in Kauf genommen, in einen solchen Vergiftungszustand zu gelangen. So wird der Angeklagte nicht wegen versuchter Vergewaltigung und zugleich damit begangener Körperverletzung (§§ 177, 223, 22, 52 StGB) bestraft, sondern „nur" wegen Verstoßes gegen § 323a StGB.

Der Angeklagte erhält ein Jahr Freiheitsstrafe, das ist durchaus angemessen. Da er bisher, soweit ersichtlich, noch nicht hatte bestraft werden müssen und er sich in der Hauptverhandlung nicht unbeeindruckt gezeigt hat, kann die Vollstreckung der Strafe auf drei Jahre zur Bewährung ausgesetzt werden, allerdings hat der Angeklagte binnen zwei Monaten 3 000 DM Schmerzensgeld an Frau Kamm zu zahlen. Er betreibt eine Pension, in die das Sozialamt Einweisungen vornimmt, was bekanntermaßen zu ansehnlicher Vergütung führt.

Der Staatsanwalt hat eine Freiheitsstrafe von einem Jahr sechs

Monaten gefordert. Er hat dazu eine schöne Rede gehalten, man hörte beeindruckende Worte wie: der Bevölkerung müsse gezeigt werden, daß der Staat solche Straftaten nicht dulde und daß durch Strafe wie von ihm beantragt die „Unverbrüchlichkeit" des Rechts und der Sicherheit der Bevölkerung zu erweisen sei. Schön gesprochen – aber am Anfang des Strafverfahrens stand etwas ganz anderes: Der Angeklagte wurde zwar, nachdem er von den beiden beherzten Nachbarn der Frau Kamm gestellt wurde, dem Haftrichter vorgeführt, dann aber entlassen. Wäre Frau Kamm, noch gezeichnet von dem Überfall, dem Angeklagten wenige Tage nach dem Überfall auf der Straße begegnet – auch das ist schon vorgekommen – hier Gott sei Dank nicht – sie hätte sich so ihre eigenen Gedanken gemacht über Unverbrüchlichkeiten. Die sofortige Haftentlassung ist ein Geburtsfehler dieses Verfahrens, kann durch schöne Rede und spätere Inhaftierung, die dann meist zur Unzeit kommt, nicht wieder wettgemacht werden. Im jetzt aufgehobenen Haftbefehl des Haftrichters heißt es in unfreiwilliger Komik, der Angeklagte habe Frau Kamm „erklärt ..., daß er mit ihr schlafen wolle". Das ist nicht nur komisch, das ist falsch, so falsch wie die dann folgende Entscheidung, den Vollzug des Haftbefehls sofort wieder auszusetzen und dem Angeklagten und allen anderen auch einen ganz eigenen Eindruck von „Unverbrüchlichkeit", besser wohl: von der Brüchigkeit unseres Strafverfahrens zu geben.

Die Kostenentscheidung beruht auf § 465 StPO.

Warnstädt

Amtsgericht Tiergarten

Im Namen des Volkes

Die Angeklagte wird wegen Diebstahls und unter Einbeziehung der Strafe aus dem Strafbefehl des Amtsgerichts Tiergarten vom 15. September 2001 zu einer
Gesamtfreiheitsstrafe von einem Monat und zwei Wochen verurteilt.
Die Vollstreckung der Strafe wird zur Bewährung ausgesetzt.
Die Angeklagte hat die Kosten des Verfahrens zu tragen.
§§ 242, 55 StGB

Gründe

Die Angeklagte ist Angehörige einer der vielen verschiedenen Volksgruppen im ehemaligen Jugoslawien, lebt seit sieben Jahren mit ihren drei Kindern hier in einer Sozialamtspension, spricht fast kein Wort Deutsch, ist wegen einer Art Zwergwuchs auch noch ein bißchen behindert, der Mann und Vater der Kinder ist gestorben. Um das Unglück voll zu machen, geht sie, so scheint es, ab und an stehlen. Jedenfalls tat sie das am 23. Dezember 2000. Da nahm sie bei Woolworth am Kottbusser Damm Handschuhe, Kinderhose und Kinderjacke ohne Bezahlung an sich und erhielt dafür durch den im Urteilsspruch aufgeführten Strafbefehl eine Geldstrafe von zehn Tagessätzen zu je 30 DM. Und sie stahl auch am 3. April 2001, was Gegenstand des vorliegenden Verfahrens ist.

Die Angeklagte hat in der Hauptverhandlung glaubhaft zugegeben, daß sie an jenem 3. April 2001 im „Kaufhof" am Alexanderplatz eine Bluse, zwei Röcke, eine Strumpfhose, zwei Paar Strümpfe und zwei Bügel an sich nahm, um die Sachen ohne Zahlung des Kaufpreises von 312,75 DM für sich zu behalten.

Weiteren Diebstählen muß ein Riegel vorgeschoben werden. Die Angeklagte erhält daher Freiheitsstrafe, wenn auch nur einen Monat eine Woche, woraus allerdings durch das Einbeziehen der Geldstrafe aus dem Strafbefehl ein Monat zwei Wochen werden. Die Angeklagte hat jetzt zwei Wochen im Gefängnis verbracht, das wird hoffentlich positive Wirkung für die Bewährungszeit haben.

Erwähnt werden muß noch zweierlei: Der Trübsinn, den dieser Fall verbreitete, verflog fast, als sich zwei der drei Kinder der Angeklagten im Zuhörerraum zu erkennen gaben, die siebzehn-jährige Tochter und ein zwölfjähriger Sohn (der fünfzehnjährige Sohn hütete die Wohnung in jener Pension). Die Kinder waren gekommen, um die Mutter abzuholen. Sie machten einen durch und durch berlinischen Eindruck, aber – und das führt zu neuem Trübsinn – man befürchtet, daß sie das nicht davor bewahren wird, bei Gelegenheit ins Kosovo entfernt zu werden.

Die Kostenentscheidung beruht auf § 465 StPO.

Amtsgericht Tiergarten

Im Namen des Volkes

Der Angeklagte wird freigesprochen.
Die Kosten des Verfahrens und etwaige notwendige Auslagen fallen der Landeskasse zur Last.

Gründe

Dem Angeklagten wird vorgeworfen, er habe am 14. Januar 2001 in Berlin-Neukölln „wider besseres Wissen in Beziehung auf einen anderen eine unwahre Tatsache, welchen denselben verächtlich zu machen geeignet ist, behauptet", indem er „anläßlich eines Polizeieinsatzes am Weichselplatz (seiner) Frau, die sich noch im Gespräch mit den Zeugen Polizeimeister Altmann und Polizeiobermeisterin Metzger befand (zurief), daß die Polizeibeamten (ihn) als ‚Kanake' tituliert hätten", was, wie er gewußt habe, nicht wahr war. Er habe, so weiter, durch „diese unwahre Behauptung die Zeugen verächtlich machen" wollen, womit er nach § 187 StGB wegen Verleumdung zu bestrafen sei. In der Hauptverhandlung hat sich alles, jedenfalls das Entscheidende, ganz anders dargestellt.

Aus den Aussagen des Angeklagten, die durch die Angaben der Polizeiobermeisterin Metzger zögernd bestätigt worden sind, war es so, daß der Angeklagte auf die Polizei wartete. Die Polizei war vom Angeklagten und seiner Chefin gerufen worden, weil man ein Radio gefunden hatte, das, so meinten der Angeklagte und seine Chefin, die Polizei deswegen interessieren werde, weil die Polizei einige Zeit davor nach einem Radio gesucht habe. Die

Polizeiobermeisterin kam wahrscheinlich zu Recht zur Ansicht, daß mit dem Radio nichts anzufangen sei. Aber anstatt sich bei dem Angeklagten für den Tip trotzdem zu bedanken, empfand sie, so der Eindruck nach ihrem sehr selbstbewußten Auftritt in der Hauptverhandlung, den Einsatz wohl als Störung. Verärgert stellte sie nun fest – man findet, wenn man nur will, immer etwas Unangenehmes –, daß irgendwelche Kartons vor dem Laden, in dem der Angeklagte arbeitet, standen. Sie rügte das und fragte den Angeklagten, ob er eine Genehmigung dafür habe. Der Angeklagte merkte, daß es nun gegen ihn ging, und er fühlte sich ungerecht behandelt. Da rief er seiner Frau zu, sie solle kommen, um ihm zu helfen, man behandele ihn wie einen „Kanaken". Das Ganze übrigens in Englisch, denn es ist so, daß der Angeklagte nicht ganz perfekt Deutsch spricht.

Der Eindruck, den der Angeklagte in der Hauptverhandlung gemacht hat, war positiv, der Eindruck, den die Polizeibeamtin hinterließ, negativ. Die Schilderung des Angeklagten war plausibel, die der Polizeibeamtin nicht.

Die Kostenfolge des Freispruchs ergibt sich aus § 467 Abs. 1 StPO.

Amtsgericht Tiergarten

Im Namen des Volkes

Die Angeklagte Dinah Makbar ist des Verstoßes gegen das Ausländergesetz schuldig; sie wird deshalb verwarnt. Es bleibt vorbehalten, sie zu einer Geldstrafe von zwanzig Tagessätzen zu je zwanzig DM zu verurteilen.
Der Angeklagte Sayed wird freigesprochen.
Die Kosten des Verfahrens fallen soweit Freispruch der Landeskasse zur Last, soweit Verwarnung hat die Angeklagte sie zu tragen. Der Angeklagte Sayed kann Ersatz seiner notwendigen Auslagen verlangen.
§ 92 Abs. 1 Nr. 1, 2 Ausländergesetz

Gründe

Die Angeklagten, beide aus Palästina stammend, heirateten 1996 in Bethlehem. Der Angeklagte kehrte danach nach Berlin zurück, wo er bereits seit langem lebt. Er hat hier erfolgreich studiert und arbeitet an seiner Doktorarbeit. Den Lebensunterhalt für sich und seine Familie – die Angeklagte ist nun auch schon einige Jahre hier, 2000 wurde in Berlin die gemeinsame Tochter Farah geboren – verdient er gegenwärtig durch Taxifahren.

Die Angeklagte ist 1999 nach Berlin gekommen. Wie sie das gemacht hat, weiß man nicht, jedenfalls ohne richtige Einreisepapiere, die zu bekommen in Palästina ja auch schwierig sein dürfte. Sie bemühte sich dann in Berlin um eine Aufenthaltserlaubnis, denn schließlich wollte sie mit ihrem Mann zusammenleben. Das hatte bis heute keinen richtigen Erfolg, vermutlich gilt die gerade jetzt immer wieder gehörte Beteuerung, wie heilig Ehe und Familie seien, außerhalb von Parlaments- und Parteitagsreden doch nur sehr eingeschränkt. Immerhin wurde die Angeklagte, als sie sich, man muß sagen treuherzig, den Behörden stellte, nur sehr kurz in Abschiebehaft genommen, und seit Anfang 2001 hat sie sogar eine „Duldung". Sie hat natürlich durch ihre unerlaubte Einreise und durch ihren anschließenden Aufenthalt hier bis zur Erteilung der Duldung gegen das Ausländergesetz verstoßen. Aber wer wollte sie dafür bestrafen? Das wäre doch zu arg, unchristlich sogar, wenn man diesen Ausdruck in diesem Zusammenhang überhaupt benutzen darf, zumal die Angeklagten ja Mohammedaner sind. So wird die Angeklagte nur verwarnt und zu der denn doch irgendwie als angemessen zu bezeichnenden Geldstrafe von zwanzig Tagessätzen zu je 20 DM nur dann verurteilt werden, wenn sie wider Erwarten in der Bewährungszeit wieder eine Straftat begehen sollte. Mit dieser Entscheidung kann man, wie man so zu sagen pflegt, leben, obwohl es besser gewesen wäre, der Angeklagten von vornherein eine Aufenthaltsgenehmigung zu geben oder wenigstens das Strafverfahren einzustellen, welcher Vorschlag bei der Staatsanwaltschaft aber auf keine Gegenliebe gestoßen ist.

Der Angeklagte allerdings wird freigesprochen, muß freigesprochen werden. Ihm legt die Anklage Beihilfe zu der Straftat der Angeklagten zur Last. Er habe sie, als sie 1999 in seiner Wohnung in Berlin erschien, aufgenommen, das sei strafbar. Wenn man richtig liest, hätte er sie also, weil sie keine anständigen Papiere hatte, von der Schwelle weisen müssen! Die eigene Ehefrau! Das geht dann doch zu weit, ist auch unter dem übelsten bürokratischen Gesichtspunkt nicht zu billigen.

Die Kostenentscheidung beruht sowie Verwarnung auf § 465 StPO, soweit Freispruch auf § 467 Abs. 1 StPO.

Warnstädt

Amtsgericht Tiergarten

Im Namen des Volkes

Die Angeklagte wird freigesprochen.
Die Kosten des Verfahrens und die notwendigen Auslagen der Angeklagten fallen der Landeskasse zur Last.

Gründe

Am Mittag des 7. Februar 1999 wurde an dem Auto BMW des Jasper Vogel eine Schramme angebracht, deren Beseitigung rund 1 300 DM kosten soll. Die Schramme soll die Angeklagte gemacht haben. Im Zivilprozeß vor dem Amtsgericht Tempelhof-Kreuzberg ist die Klage Vogels gegen die Angeklagte abgewiesen worden. Im Strafprozeß nun, in dem die Angeklagte der strafbaren Sachbeschädigung (§ 303 StGB) angeklagt ist, wird die Angeklagte freigesprochen.

Alles – Zivilklage als auch Anklage – stützt sich auf die Angaben des 55jährigen Bauingenieurs Paul Kolbe aus Rudow. Kolbe meldete am 7. Februar 1999, er habe die Angeklagte gerade dabei beobachtet, wie sie im Parkhaus in der Goltzstraße 1 in Berlin-Lichtenrade in einer Art und Weise an dem Auto Vogels vorbeigegangen sei, daß er sich gleich gedacht habe, die kratze in das Auto eine Schramme hinein. Das Auto der Angeklagten habe direkt neben Vogels Auto gestanden. Er, Kolbe, habe gegenüber, unbemerkt von der Angeklagten, in seinem Auto gesessen und alles gesehen. Er sei ausgestiegen und habe tatsächlich eine Schramme gesehen und die Angeklagte zur Rede gestellt. Die aber habe frech abgestritten und sei weggefahren. Da Kolbe noch hinzugefügt hat, das Auto Vogels habe so gestanden, daß es die Angeklagte etwas behindert habe, schien die Sache klar: Die Angeklagte hat sich über die Behinderung geärgert und daher in das andere Auto hineingekratzt. Und in der Tat: Das ist durchaus möglich.

Die Angeklagte, 47 Jahre alt, Leiterin einer Schuhverkaufsstelle, hat jedoch in der Hauptverhandlung gesagt, es sei alles ganz anders gewesen. Als sie zu ihrem Auto vom Einkaufen zurückgekehrt sei, habe Kolbe zwischen ihrem und Vogels Auto gestanden und mit ihr ein Gespräch begonnen über die angebliche Behinderung durch Vogels Auto, die sie gar nicht empfunden habe, über ihr Auto, ob es ihr gefalle, über ihre Familie, weil sie so viel eingekauft habe und so weiter und so fort. Ihr habe das alles sehr mißfallen, und als Kolbe immer wieder fortsetzte, sei sie sehr unwirsch geworden und habe das Gespräch abgebrochen, schließlich sogar, weil Kolbe hartnäckig geblieben sei, ihn einen alten Sack genannt.

Die Angeklagte hat das alles in der Hauptverhandlung Kolbe auch auf den Kopf zugesagt und da entstand plötzlich der Eindruck, daß das alles stimmen könne, zu welchem Eindruck allerdings auch die Reaktion Kolbes beitrug – er brauste auf wie jemand, der sich seiner Sache sicher ist, nicht aufbraust. Und plötzlich erschien am Horizont die Möglichkeit, Kolbe selbst habe die Schramme gemacht, habe sich über die Abfuhr, die er von der Angeklagten erhalten habe, so geärgert, daß er ihr eins mächtig habe auswischen wollen.

Wie es wirklich gewesen ist, ist offengeblieben, daher Freispruch, Kostenfolge § 467 Abs. 1 StPO.

Warastadt

Amtsgericht Tiergarten

Im Namen des Volkes

Der Angeklagte wird wegen Diebstahls zu
einem Monat Freiheitsstrafe
verurteilt.
Die Vollstreckung der Strafe wird zur Bewährung ausgesetzt.
Die Kosten des Verfahrens trägt der Angeklagte.
§ 242 StGB

Gründe

Der Angeklagte, 38 Jahre alt, nahm am 7. Januar 1999 bei „Schlecker" in der Grevesmühlener Straße 30 in Berlin-Hohenschönhausen einige Sachen an sich, die in der eigentlich fürchterlichen Ausdrucksweise der Anklageschrift mit „2 x Gesichtspflege 19,88 DM, 3 x MC 5,99 DM, 3 x MC 2,99 DM" bezeichnet sind, um diese Sachen ohne Zahlung des Kaufpreises von 60,96 DM für sich zu behalten. Der Angeklagte hat also einen Diebstahl, strafbar nach § 242 StGB, begangen.

Der Angeklagte hat den Diebstahl in der Hauptverhandlung eingeräumt. Zu seiner Entschuldigung hat er das Schreiben einer Ärztin für Psychiatrie mitgebracht, in dem ihm „Cleptomanie bei einer leichten depressiven Episode" bescheinigt wird. In der Hauptverhandlung ist allerdings erfreulicherweise festgestellt worden, daß der Angeklagte keineswegs krank ist, sondern den Weg zum Nervenarzt nur deswegen angetreten hat, weil ihm nach mehreren Ladendiebstählen – drei Verurteilungen deswegen bereits im Strafregister – keine andere Entschuldigung und kein anderer Ausweg mehr als nur eine Geistesstörung eingefallen ist.

Der Angeklagte erhält hier jetzt zur Abschreckung und als energischen Ordnungsruf Freiheitsstrafe, wenn auch nur den einen Monat und den sogar noch mit Strafaussetzung zur Bewährung. Vor weiterer Straftat soll er sich aber hüten, wenn er nicht ins Gefängnis will, denn nochmals: der Angeklagte ist nicht krank!

Die Kostenentscheidung beruht auf § 465 StPO.

Amtsgericht Tiergarten

Im Namen des Volkes

Der Angeklagte wird wegen Beleidigung zu einer Geldstrafe von dreißig Tagessätzen zu je dreißig DM verurteilt.
Er hat auch die Kosten des Verfahrens zu tragen.
§ 185 StGB

Gründe

Der 34jährige Angeklagte, der als Polizeibeamter am Flughafen Tegel für Ordnung sorgen sollte, bemerkte am Vormittag des 29. Juli 1997, daß das Taxi des Rafael Kada, geboren 1960 in Paris, dort anhielt, wo ein sogenanntes absolutes Halteverbot besteht. Er schrieb daher das Taxi auf. Das bemerkte Kada. Er kam zum Angeklagten, um den umzustimmen. Dabei wies Kada den Angeklagten auch darauf hin, daß es dort immer wieder zu Verkehrsverstößen von Taxifahrern geradezu kommen müsse, weil die Verkehrszeichen am Flughafen die Belange der Taxifahrer nicht genügend berücksichtigten. Der Angeklagte kennt solche Beschwerden wohl zur Genüge und ist darüber, man kann es ihm nicht verdenken, nicht besonders erfreut. An jenem Vormittag ärgerte er sich über Kadas Beschwerde oder Gegenvorstellung, wie man das auch nennen könnte, wohl besonders. Sozusagen als Ventil für seinen Ärger verlangte er von Kada nicht nur die Autopapiere, sondern auch noch dessen Aufenthaltsgenehmigung, wozu er gebracht wurde, weil Kada von Natur aus eine etwas dunklere Hautfarbe hat, denn er stammt so ein bißchen von Afrikanern ab. Kada lehnte ab, seine Aufenthaltsgenehmigung nachzuweisen, und sagte, er sei aus Frankreich und brauche keine solchen Papiere. Das ärgerte den Angeklagten noch mehr, und er sprach zwar leise, aber doch unüberhörbar vor sich hin: „Immer wieder diese Penner, die brauchen doch alle eine Erlaubnis."

Dieser Sachverhalt, strafbar als Beleidigung nach § 185 StGB, hat sich in der Hauptverhandlung aus den Angaben des Angeklagten, des Zeugen Kada und zweier weiterer Zeugen, der Taxifahrer Peter Werner, geboren 1942, und Marlies Terwill, geboren 1955, ergeben. Die eigentliche Straftat hat der Angeklagte bestritten, aber der Ausdruck „Penner" ist nach den glaubhaften Angaben der drei Zeugen tatsächlich gefallen. Zwar hat Werner gesagt, es könne so sein, daß mit „Penner" nicht Kada als etwas farbiger Mensch, sondern als Taxifahrer gemeint war, was ja nun aus dem Munde eines Polizeibeamten auch nicht so besonders lobenswert wäre. Aber Kada und vor allem auch Terwill haben klar bekundet, daß „Penner" sich auf Kada in Zusammenhang mit einer Aufenthaltsgenehmigung bezog.

Die Sache sollte in der Hauptverhandlung mit ausnahmsweiser Zustimmung der Staatsanwaltschaft durch die Zahlung einer Buße erledigt werden, auch Schmerzensgeld an Kada. Der Angeklagte hat diese Regelung allerdings kategorisch abgelehnt, so daß nichts anderes übrigblieb, als ihn zu verurteilen. Die 30 Tagessätze zu je 30 DM sind bescheiden, aber der Angeklagte hat bisher keine Vorstrafen.

Es sei noch mitgeteilt, daß zwei weitere Zeugen, die zur Hauptverhandlung geladen worden waren, nämlich zwei Polizeibeamtinnen, glücklicherweise nicht vernommen wurden, glücklicherweise deshalb, weil deren bisherige Aussagen von denen der vernommenen Zeugen doch sehr erheblich abweichen. So haben Kada, Werner und Terwill glaubhaft gesagt, als „Penner" fiel, waren die beiden Polizeibeamtinnen gar nicht in der Nähe, keineswegs in Hörweite. So bestand die Gefahr falscher Aussagen, mit das Schlimmste, was in einem Gerichtssaal passieren kann.

Die Gefahr besteht häufig bei Verwandten, aber auch bei der Vernehmung von Kollegen des Angeklagten, und falsch verstandene Kollegialität hat selbst bei Polizeibeamten schon zu furchtbarem Unglück geführt. Da können also alle glücklich sein, daß auf die beiden Zeuginnen allseits verzichtet worden ist, am meisten die beiden Zeuginnen selbst.

Die Kostenentscheidung beruht auf § 465 StPO.

Amtsgericht Tiergarten

Im Namen des Volkes

Der Angeklagte wird wegen Verletzung der Vertraulichkeit des Wortes in zwei Fällen und wegen versuchter Erpressung zu einer Gesamtgeldstrafe von hundert Tagessätzen zu je zwanzig DM verurteilt.
Er hat auch die Kosten des Verfahrens zu tragen.
§ 201 Abs. 1 Nr. 1 und Nr. 2, §§ 253, 22, 53 StGB

Gründe

Der Angeklagte ist ein 38jähriger schwarzer Mann aus Ghana, seit einigen Jahren schon in Deutschland. Man kann ihn als besonders schönen Mann bezeichnen. Allerdings ist er davon selbst am meisten überzeugt und versucht auch zuweilen, daraus in zweierlei Hinsicht Gewinn zu machen. Zum einen will er Frauen in sein Bett bringen oder zu den Frauen ins Bett steigen, wogegen ja grundsätzlich nichts einzuwenden ist. Aber zum anderen trachtet er danach, durch diese Affären Geld aus den Frauen herauszuholen. Dadurch ist er schon zweimal in Strafverfahren verwickelt worden. Beide Male ist er glimpflich davongekommen. Das eine Verfahren ist vor allem deshalb eingestellt worden, weil die Frau, um die es da ging, nicht zur Hauptverhandlung erscheinen mochte, und das andere Verfahren ist eingestellt worden, weil es so schien, daß seine Folgen für die Frau unangenehmer gewesen wären als die Straftat selbst.

In diesem Verfahren hier geht es um eine Affäre des Angeklagten mit der Annegret Shardune geborener Beutel. Der Angeklagte hatte es verstanden, mit der Frau ins Bett zu steigen. Er wollte das Verhältnis fortsetzen, die Frau nicht. Um ein Druckmittel zu haben, nahm er im September 1995 Telefonate mit der Frau Shardune heimlich auf ein Tonband auf, was nach § 201 Abs. 1 Nr. 1 StGB strafbar ist. Sodann drohte er der Frau – allerdings ergebnislos – an, dieses Tonband ihrem Mann vorzuspielen, wenn sie nicht entweder wieder zu ihm ins Bett käme oder ihm 500 DM für das Band zahle, womit der Angeklagte sich der versuchten Erpressung nach §§ 253, 22 StGB schuldig gemacht hat. Schließlich, und zwar am 12. September 1995, spielte der Angeklagte dem Ehemann der Annegret, dem Billy Shardune, das Band per Telefon vor, Straftat nach § 201 Abs. 1 Nr. 2 StGB.

Die Straftaten haben sich in der Hauptverhandlung aus den glaubhaften Angaben des Ehepaars Shardune ergeben, das trotz des Seitensprungs der Ehefrau ein Herz und eine Seele ist.

Der Angeklagte erhält diesmal noch mäßige Geldstrafen, und zwar je 50 Tagessätze, zusammen die 100 Tagessätze zu je 20 DM. Hoffentlich mißversteht er das nicht. Bei weiteren Straftaten muß er mit Freiheitsstrafe rechnen.

Die Kostenentscheidung beruht auf § 465 StPO.

Warastädt

Amtsgericht Tiergarten

Im Namen des Volkes

Der Angeklagte wird freigesprochen (§ 20 StGB).
Die Kosten des Verfahrens und etwaige notwendigen Auslagen des Angeklagten fallen der Landeskasse zur Last.
§ 20 StGB

Gründe

Der Angeklagte ging am 28. Oktober 1997 zu „Hertie bei Wertheim" in der Steglitzer Schloßstraße. Dort nahm er zwei „Ultra-Anti-Insekt-Stecker" an sich und verließ mit den Sachen das Kaufhaus, ohne zuvor den Kaufpreis von zusammen 39,90 DM bezahlt zu haben.

Kurze Zeit später erschien der Angeklagte bei „Karstadt", das gleich neben jenem „Hertie bei Wertheim" liegt. Im „Karstadt" nahm er „1 x Kabel-Klebe-Fix sowie einen Anti-Insekt-Stecker" an sich, um die Sachen ohne Zahlung des Kaufpreises von 23,70 DM für sich zu behalten.

Der Angeklagte hat diese beiden Sachverhalte in der Hauptverhandlung zugegeben. Die Sachverhalte sind jeweils Diebstähle nach § 242 in Verbindung mit § 248a StGB. Der Angeklagte wird gleichwohl nicht bestraft, denn er ist während der Straftaten nicht zurechnungsfähig (§ 20 StGB) gewesen.

Der Angeklagte, 48 Jahre alt, ist ein studierter, sogar promovierter Literat und Philosoph. Er ist allerdings seit Jahren aus der

Bahn geworfen, frühere Forschungsaufträge sind versiegt, neue sind nicht in Sicht, seit langem hat er kein Einkommen, hält sich mit Hilfe des Sozialamtes so einigermaßen über Wasser. Dieses soziale Desaster ist nicht ohne Folgen für die Psyche des Angeklagten geblieben. Weit entfernt davon, je wieder sicheren Boden unter die Füße zu bekommen, entfernt er sich manchmal von der Realität. Er weiß das, setzt dem auch nicht unbedingt Widerstand entgegen, denn zum einen ist die Realität ja nicht so besonders schön und zum anderen kann ein Literat und Philosoph ja ohnehin nicht immer an der Realität kleben. Der Bewährungshelfer hat gesagt, der Angeklagte bezeichne sich sogar als Marxist!

Nun kann es allerdings bei jedermann ab und an zu Realitätstrübungen kommen, bei dem Angeklagten indessen handelte es sich an jenem 28. Oktober 1997 um mehr, nämlich um einen ausgesprochenen Realitätsverlust. Er hat dazu in der Hauptverhandlung durchaus glaubhaft eine Fülle von Tatsachen ausgebreitet, die hier kurz skizziert seien:

Er habe in einer Art innerer Unruhe seine Wohnung verlassen, um zur Beruhigung in den Botanischen Garten zu fahren. Dazu sei es aber nicht gekommen. Er wisse nicht wie, aber plötzlich sei er auf der Schloßstraße gewesen. Von dem Kaufhausdetektiv, der ihn später bei „Karstadt" gestellt habe, habe er erfahren, daß der ihn bereits zufällig beim Verlassen des ersten Kaufhauses beobachtet hatte. Sein Verhalten sei dem Detektiv merkwürdig erschienen. So soll er mit der „Beute", den beiden „Ultra-Anti-Insekt-Steckern", in den kleinen Park hinter „Hertie bei Wertheim" gegangen sein, sich die Sachen dort angesehen und sie dann in einen Mülleimer „entsorgt" haben, aus dem sie später als Beweisstücke herausgeholt worden seien. Er, der Angeklagte, habe im übrigen, als er ins „Karstadt" ging, wohl bemerkt, daß man ihn im Auge hatte und auch behielt. Trotzdem habe er dann die anderen dummen Sachen „gestohlen".

Zur Entscheidung ist kein Psychiater beigezogen worden. Den Zustand des Angeklagten versteht man oder man versteht ihn nicht. Ein Psychiater hätte da keine Hilfe gebracht, sondern es wäre eine Art Lotteriespiel gewesen, ob der Psychiater versteht oder nicht versteht. Das „Nichtverstehen" ist übrigens wahrscheinlicher als das Gegenteil, denn der Zustand des Angeklagten an jenem Nachmittag wie denn auch der Angeklagte insgesamt paßt in keine lehrbuchmäßige Schublade, das weiß der Kenner aus Erfahrung.

Die Kostenfolge des Freispruchs beruht auf § 467 Abs. 1 StPO.

Amtsgericht Tiergarten

Im Namen des Volkes

Der Angeklagte wird wegen Beleidigung und wegen zugleich begangener Bedrohung und Sachbeschädigung zu einer Gesamtfreiheitsstrafe von vier Monaten
verurteilt. Die Vollstreckung der Strafe wird zur Bewährung ausgesetzt.
Der Angeklagte hat die Kosten des Verfahrens zu tragen.
§§ 185, 241, 303, 52, 53 StGB

Gründe

Der Angeklagte ist ein unbeherrschter Mann. Das hat schon verschiedentlich zu Straftaten geführt. Zuletzt wurde er am 27. Juli 1996 wegen Beleidigung und Körperverletzung zu einer Gesamtfreiheitsstrafe von drei Monaten mit Strafaussetzung zur Bewährung verurteilt.

Hier geht es um Vorfälle vom 8. Juli 1997 im Sozialamt Steglitz. Weil er sich schlecht behandelt fühlte, sagte er zur Stadtoberinspektorin Annette Schmitzke: „Sind Sie nur blöd? Ich bin nicht Ihr Idiot. Ich schlage dir die Fresse ein", und beging damit mindestens eine Beleidigung, strafbar nach § 185 StGB. Kurz darauf rief er Schmitzke noch zu, er werde sie „kaltmachen", und schlug dabei, um seinen Worten Nachdruck zu verleihen, Schmitzkes Bürotür so heftig zu, daß sie splitterte. Dieser Vorgang ist strafbar nach §§ 241, 303, 52 StGB.

Die Sachverhalte haben sich in der Hauptverhandlung aus den

Angaben der Stadtoberinspektorin ergeben. Der Angeklagte hat sie nicht abgestritten, nur: er sieht keine Schuld bei sich, er wird gereizt, dann verliert er die Beherrschung, schuldlos, wie er meint.

Der Angeklagte ist ein Mann mit Ansprüchen. Die Ansprüche stellt er aber nicht an sich, nur an andere. Daß er sich selbst mit 38 Jahren in die scheußliche Rolle eines Sozialhilfeempfängers unter anderem durch Rauschgift manövriert hat, das sieht er nicht ein. Da er das aber einsehen könnte und damit er das auch einsieht, erhält er hier Freiheitsstrafe, zwei Monate für die Beleidigung, drei Monate für die andere Straftat. Aus beiden Strafen ergibt sich die Gesamtfreiheitsstrafe von vier Monaten.

Die Vollstreckung der Strafe wird trotz der laufenden Bewährung im oben erwähnten Verfahren auch hier zur Bewährung ausgesetzt. Mit dem Angeklagten ist in der Hauptverhandlung offen gesprochen worden, nicht juristisch verbrämt. Er hat verstanden, daß er bei weiteren Vorkommnissen erbarmungslos ins Gefängnis kommt.

Die Kostenentscheidung beruht auf § 465 StPO.

Amtsgericht Tiergarten

Im Namen des Volkes

Der Angeklagte wird freigesprochen.
Die Kosten des Verfahrens und die notwendigen Auslagen des Angeklagten fallen der Landeskasse zur Last.

Gründe

Der 29jährige Angeklagte wurde am 29. Dezember 2001 auf der U 2 von den BVG-Kontrolleuren nach seiner Fahrkarte gefragt. Er zeigte daraufhin eine Umweltkarte vor, die allerdings gefälscht ist, das heißt, der eigentliche Fahrschein ist echt, der Monatsaufdruck aber falsch.

Dieser Sachverhalt hat sich in der Hauptverhandlung aus den Angaben des Angeklagten selbst und aus dem Gutachten der Polizeitechnischen Untersuchungsstelle ergeben. Er hat dem Angeklagten eine Anklage wegen Wertzeichenfälschung nach § 148 StGB eingebracht. Nun, das ist sowieso falsch, was indessen vorliegen könnte, ist eine Urkundenfälschung, zugleich begangen mit versuchtem Betrug. Aber wie dem auch sei, bestraft werden kann der Angeklagte nicht.

Der Angeklagte hat in der Hauptverhandlung gesagt, er habe von der Fälschung nichts gewußt. Er habe die Karte nämlich nicht von irgendwelchen obskuren Schwarzhändlern oder auf Grund von irgendwelchen zweifelhaften Annoncen in der „Zweiten Hand" erworben, sondern am BVG-Schalter direkt.
Eine solche Aussage wird normalerweise in das Reich der Lüge

verwiesen. Jedoch ist es hier so, daß nach allgemeiner Ansicht in der Hauptverhandlung der Angeklagte einen durchaus glaubwürdigen Eindruck gemacht hat. Und als dann zur Sprache kam, daß es tatsächlich gar nicht zu selten vorkommt, daß an BVG-Schaltern gefälschte Fahrkarten verkauft werden, ist man nur dann irritiert, wenn man immer noch der Ansicht sein sollte, es sei doch schlicht ausgeschlossen, daß eine quasi-staatliche Stelle, als die man die BVG ja bezeichnen kann, nicht über jeden Zweifel erhaben ist. Dieser Ansicht kann man leider nach allem, was in der letzten Zeit über staatliche oder halbstaatliche Stellen zu hören ist, schlechterdings nicht mehr sein. Es scheint überall, wahrscheinlich aus Nachlässigkeit, an der nötigen Aufsicht und Kontrolle zu fehlen. Man denke dabei an die Landesbank – die Bankenaufsicht ließ erst etwas von sich hören, als die Bank schon im Modder steckte – und auch an den Senatshaushalt, bei dem es bei gehöriger Aufsicht ja auch nicht zu dem katastrophalen Quasi-Konkurs hätte kommen können.

Die Kostenfolge des Freispruchs ergibt sich aus § 467 Abs. 1 StPO.

Warastädt

Amtsgericht Tiergarten

Im Namen des Volkes

Der Angeklagte wird wegen siebenmaligen Betrugs zu einer Gesamtgeldstrafe von einhundertachtzig Tagessätzen zu je fünfzehn DM
verurteilt.
Er hat auch die Kosten des Verfahrens zu tragen.
§§ 263, 53 StGB

Gründe

Der Angeklagte, 30 Jahre alt, ist eigentlich Musiker. Durch die „Wende" verlor er Arbeitsstelle und Beruf. So wurde er Handelsvertreter. Bei einer Tätigkeit in Halle/Saale lernte er den Wilhelm Zwölfer kennen. Zwölfer, ein „Experte" aus den „alten Bundesländern", beeindruckte den Angeklagten, schließlich kreuzte Zwölfer mit einem größeren Mercedes auf. Man kann ohne weiteres sagen, daß Zwölfer hinter dem stand, was der Angeklagte nun wie folgt tat:

Im ersten Drittel 1994 trat der Angeklagte mit einer Firma, die er BISA nannte, in Erscheinung. Er inserierte in den „neuen Bundesländern": „Baubranche boomt! Führungskräfte gesucht! Zum Aufbau unserer neuen Filialen suchen wir erfolgsorientierte Führungskräfte. Wir bieten: überdurchschnittliches Einkommen und exzellente Aufstiegsmöglichkeiten ..." Auf diese Anzeige meldete sich eine ganze Reihe von Leuten, die Arbeit suchen. Diese sollten jedoch zunächst mal selbst zahlen, bevor sie ihre angebliche lukrative Arbeitsstelle antreten könnten, welcher

Umstand ja nun eigentlich vorsichtigen Leuten sofort sagt, daß hier betrogen werden soll. Sieben dieser Fälle hat die Staatsanwaltschaft in ihrer Anklageschrift vorgelegt, und von diesen sieben Fällen ist in der Hauptverhandlung schon durch die Vernehmung des Angeklagten festgestellt worden, daß die sieben Leute tatsächlich betrogen worden sind. Sie stellten sich nämlich – das geht ganz klar aus der Anzeige hervor – vor, daß sie eine sichere Anstellung erhalten werden, während der Angeklagte und der hinter ihm stehende Zwölfer höchstens eine Handelsvertreterstelle bieten konnten. Hätten die sieben Leute das gewußt, hätte keiner von ihnen auch nur einen Pfennig gezahlt. So aber wurden ihnen mehrere tausend Mark abgeknöpft.

Der Angeklagte, der sonst straflos durchs Leben gegangen ist, erhält für jeden Fall des Betruges (§ 263 StGB) eine Geldstrafe von 40 Tagessätzen, zusammen die Gesamtgeldstrafe von 180 Tagessätzen. Jeder Tagessatz ist 15 DM . Der Angeklagte ist zur Zeit arbeitslos und hat Frau und zwei kleine Kinder. Er hat übrigens versprochen, nie mehr zu versuchen, als „Geschäftsmann" tätig zu werden.

Die Kostenentscheidung beruht auf § 465 StPO.

Amtsgericht Tiergarten

Im Namen des Volkes

Der Angeklagte wird wegen zugleich mit Widerstand gegen Vollstreckungsbeamte begangener versuchter gefährlicher Körperverletzung zu einer
Freiheitsstrafe von einem Jahr zwei Monaten
verurteilt.
Er hat auch die Kosten des Verfahrens zu tragen.
§§ 113, 223, 223a (neu: § 224 Abs. 1 Nr. 2), 22, 52 StGB

Gründe

Der Angeklagte wurde am 11. Mai 1994 von den Polizeibeamten Clemens Tucher, Dietrich Wassermann und Luisa Manté, die ihren Dienst in Zivil taten, am Hardenbergplatz beim Verkaufen von Rauschgift beobachtet. Er sollte deshalb festgenommen werden. Mit dem Ruf „Polizei" nahm Wassermann den Angeklagten, der sich in dem Tunneleingang zum U-Bahnhof Zoologischer Garten unter Passanten gemischt hatte, in den „Schwitzkasten". Der Angeklagte, der früher Unteroffizier bei der Armee Algeriens, seines Heimatlandes, war, schmiß Wassermann über seine Schultern auf die Erde. Als Tucher das sah, umschlang er den Angeklagten von hinten. Da zog der Angeklagte ein Messer und führte es um seinen Körper herum, um Tucher damit zu stechen. Dies sah die Luisa Manté, sie warnte Tucher durch Zuruf so rechtzeitig, daß Tucher sich nach hinten fallen lassen und so dem Messerstich entgehen konnte. Dadurch allerdings entkam der Angeklagte. Erst im Februar dieses Jahres, also fast zwei Jahre nach dem Vorfall, hat der Haftbefehl, der gegen den Angeklagten wegen des Vorfalls alsbald erlassen wurde, vollstreckt werden können.

Dieser Sachverhalt ist zugleich versuchte gefährliche Körperverletzung – §§ 223, 223a, neu: § 224 Abs. 1 Nr. 2, in Verbindung mit § 22 StGB – und Widerstand gegen Vollstreckungsbeamte – § 113 StGB. Er hat sich in der Hauptverhandlung aus den glaubhaften Angaben der als Zeugen vernommenen Polizeibeamten Wassermann und Tucher ergeben, ergänzt um die Angaben des Polizeihauptmeisters Uwe Seppelt, der berichtet hat, daß ein gewisser Mathias Hinze, mittlerweile verstorben, der mit dem Angeklagten vor dem Eingreifen der Polizei zusammengestanden hatte, bei seiner Flucht „Szenepäcken" Rauschgift fortgeworfen habe.

Die Tat ist sehr sehr unschön. Jedes Ziehen eines Messers gegen einen Menschen ist eine Tat, die schwerste Verletzung, wenn nicht gar den Tod zur Folge haben könnte. Vor allem im Rauschgiftmilieu und im Verhältnis zu Polizisten kann eine solche Tat nicht hingenommen werden. Die Freiheitsstrafe von einem Jahr zwei Monaten ist noch milde zu nennen. Sie ist nur deshalb nicht höher, weil für den Angeklagten bislang Vorstrafen nicht bekannt sind.

Die Kostenentscheidung beruht auf § 465 StPO.

Amtsgericht Tiergarten

Im Namen des Volkes

Die Angeklagten werden wegen Strafvereitelung im Amt zu Geldstrafen verurteilt, und zwar die Angeklagten Hörnich, Schulz, Breite und Bahn zu je
sechzig Tagessätzen à achtzig DM,
der Angeklagte Graun zu
einhundert Tagessätzen à einhundertfünfzig DM.
Die Angeklagten haben die Kosten des Verfahrens zu tragen.
§§ 258, 258a StGB

Gründe

Die fünf Angeklagten sind Polizisten. Am 16. Dezember 1993 arbeiteten alle beim Bundesgrenzschutz auf dem Flughafen Berlin-Schönefeld. Am frühen Morgen jenes Tages wollten die damals 26 Jahre alte Schauspielerin Susanne Sommerfeldt und ihre Schwester, die damals 23 Jahre alte Studentin Anni Müller, mit ihren beiden Töchtern, damals 18 und 6 Monate alt, von dem Flughafen nach Mallorca fliegen. Als sie sich bemühten, mit Gepäck und Kindern und Kinderwagen die Treppen hochzukommen, waren sie zunächst erfreut, daß ihnen von einigen jungen Männern dabei geholfen wurde. Die Freude wurde jedoch getrübt, als einer der Helfer feststellte, daß die kleine Tochter der Susanne Sommerfeldt braune Haut und schwarze Ringellöckchen hat (der Vater des kleinen Mädchens ist ein Schwarzer). Der Helfer brachte den Kinderwagen mit dem Mädchen zwar noch sicher nach oben, äußerte dann aber zu seinen Begleitern, ungefähr fünf weiteren jungen Männern und vier jungen Frauen, seinen Abscheu darüber, daß er einem „Negerbaby" und dessen Mutter, einer „Negerhure", geholfen habe.

Kurze Zeit später saß die Gruppe junger Männer und Frauen, die offensichtlich fast alle angetrunken waren und wohl von einer in einer Diskothek durchtanzten Nacht zum Frühstücken am Flughafen erschienen waren, im Flughafenrestaurant „Mövenpick". Einige Tische weiter hatten Susanne Sommerfeldt und Anni Müller mit ihren Kindern Platz genommen. Vom Tisch der Gruppe mußten sie sich lauter und lauter Worte wie „Negerhure", „Negerschlampe" und Sätze wie „Bei Goebbels hätte es so etwas nicht gegeben" anhören. Sommerfeldt und Müller sind keine überempfindlichen Mädchen, sie versuchten, sich so gut es ging von dieser Situation nicht unterkriegen zu lassen. Zunächst machten sie Bemerkungen wie „mit Rohrlegern sprechen wir nicht", und Frau Sommerfeldt ging mit ihrem kleinen Mädchen in eine entfernt liegende Ecke des Raums, wo sie eine Spielzeugecke vermutete, um sich dem Blickfeld der ungebildeten Horde zu entziehen. Dann aber platzte der Anni Müller der Kragen, sie nahm ein Glas Wasser und goß es dem unangenehmsten Mitglied der Horde, dem am 25. Februar 1969 in Berlin geborenen Ryk Speichel, über den Kopf. Kurze Zeit war Ruhe, die Ruhe der Verblüffung. Dann aber ging es richtig los. Als Anni Müller das Restaurant wenig später verließ, um zur Toilette zu gehen, griff Speichel sich vom Mövenpick-Frühstücksbüfett eine Schüssel Joghurt und ging Anni Müller hinterher, gefolgt von ein, zwei Hordenmitgliedern. Der Mövenpick-Oberkellner Anton Gisecke hatte das beobachtet, er ging ebenfalls hinaus und sah dort die Angeklagten Hörnich und Schulz in Uniform stehen. Er winkte sie heran und wies sie auf Speichel und dessen Kumpane hin. Anni Müller hatte wohl gesehen, daß sie verfolgt worden war, und fürchtete sich, die Toilette wieder zu verlassen. Sie faßte sich aber ein Herz, kam heraus und stellte erleichtert fest, daß zwar die Hordenmitglieder dort standen, aber auch zwei Leute in Uniform. Sie ging an der Gruppe vorbei, hörte dann aber Schritte hinter sich. Speichel war mit der Joghurtschüssel hinter ihr. Anni Müller rief den Angeklagten Hörnich und Schulz zu:

– 131 –

„So helfen Sie mir doch!" Hörnich und Schulz blieben jedoch untätig, so konnte Speichel den Inhalt der Joghurtschüssel über Anni Müller entleeren und ihr Kopf, Haare und Kleidung beschmutzen.

Mittlerweile war ein anderer Mövenpick-Kellner, der den Vorfall ebenfalls gesehen hatte, ins Restaurant zurückgekehrt, hatte der Susanne Sommerfeldt dort gesagt: „Ihre Schwester hat es draußen erwischt!" und zugleich auch die Polizei benachrichtigt, worauf die Angeklagten Breite und Bahn erschienen. Auf Grund der Bemerkung des Kellners ging Susanne Sommerfeldt auf Breite und Bahn zu und verlangte amtliches Einschreiten. Dabei wies sie auf mögliche Gefährdung der Schwester hin und schilderte auch das schon Vorgefallene, besonders welche Beleidigungen sie und ihre Schwester sich hatten anhören müssen. Die Angeklagten Hörnich und Schulz, die mittlerweile auch nähergekommen waren, machten gar nichts, außer daß einer von ihnen, wohl Hörnich, zu den beiden Schwestern – mittlerweile war auch Anni Müller wieder erschienen, die sich zwischendurch notdürftig gereinigt hatte – „Schnauze!" sagte. Der Angeklagte Breite hörte wohl, daß die Schwestern amtliches Einschreiten verlangten, sogar ausdrücklich von Strafanzeige sprachen, hielt die Situation angesichts der Übermacht der Horde und des sichtbaren völligen Ausfalls der Kollegen Hörnich und Schulz aber für so brenzlig, daß er schnell verschwand, um beim Dienstvorgesetzten, dem Angeklagten Graun, Rat einzuholen. Bahn versuchte unterdessen auf die Horde beruhigend einzuwirken. Graun hörte sich Breites Bericht und Frage an und schickte ihn mit der Bemerkung fort, selbstverständlich könne man auch bei ihnen, den Bundesgrenzschutz-Beamten, Strafanzeige erstatten. Als Breite zurückkam, hatte immer noch keiner der Beamten wenigstens die Personalien der Mitglieder der Horde notiert, nicht einmal die des Ryk Speichel. Vielmehr hatte Bahn die Horde zur Tür geleitet, und die Horde war somit verschwunden. Susanne Sommerfeldt und Anni Müller standen fassungslos. Als sie kurze Zeit später wieder einen der Beamten, wohl Breite, sahen und sich erkundigten, ob denn nun gar nichts passiere gegen die

Horde, wurde Anni Müller zum Angeklagten Graun geführt. Graun sah es als seine Aufgabe an, Anni Müller eine Strafanzeige auszureden. Jetzt könne man nur noch gegen Unbekannt ermitteln und das habe fast nie Erfolg. Die Schwestern hatten keine Zeit mehr, darauf zu erwidern, ihr Flugzeug ging. Als sie eine Woche später zurückkamen, benachrichtigten sie die „taz", wodurch sowohl ein Verfahren gegen Ryk Speichel als auch das vorliegende Verfahren in Gang kamen. Hätten sie das nicht getan, wäre alles im Sande verlaufen.

Dieser Sachverhalt hat sich in der Hauptverhandlung vor allem aus den glaubhaften Angaben der beiden Schwestern ergeben. Die Angeklagten Hörnich, Schulz, Breite und Bahn haben im wesentlichen erklärt, die Schwestern hätten nicht zu erkennen gegeben, daß sie Strafanzeige erstatten wollten. Das ist aber durch die Aussagen der Schwestern widerlegt und auch durch die Aussagen des bereits erwähnten Oberkellners Anton Gisecke und der Büfettfrau Heidi Krauß, und sogar die Freundin Speichels, die Martina Dörring, hat ausgesagt, daß von den Schwestern oder zumindest von einer Schwester die Personalienaufnahme verlangt worden sei. Selbst Breite hat in der Hauptverhandlung eingeräumt, daß er Graun wegen der Strafanzeige befragt habe, dann muß das ja doch eine Rolle gespielt haben. Indessen ist es aber so, daß dieses Bestreiten gar keine Bedeutung hat, weil die Angeklagten den Sachverhalt auch von Amts wegen hätten aufnehmen müssen. Keiner von den vieren – Hörnich, Schulz, Breite und Bahn – hätten den Platz verlassen dürfen, bevor der Sachverhalt protokolliert, wenigstens die Personalien aufgenommen gewesen wären. Was den Angeklagten Graun angeht, so hat er den Sachverhalt, soweit er darin eine Rolle spielt, in der Hauptverhandlung bestätigt, seine Aussage allerdings, Anni Müller habe auf Strafanzeige verzichtet, ist falsch.

Alle Angeklagten haben sich der Strafvereitelung im Amt (§§ 258, 258a StGB) schuldig gemacht. Ihr Vergehen wird als minderschwerer Fall angesehen, so daß sie alle noch mit tragbaren Geldstrafen davonkommen. Hörnich und Schulz, beide

37 Jahre alt, sind vom „Osten" übernommen, haben also fast keine Ausbildung erhalten, waren von der Situation überfordert, hielten sich dann bewußt zurück, als die beiden „Westbeamten" Breite und Bahn, 23 und 26 Jahre, kamen, und wußten eigentlich nicht mehr zu sagen als „Schnauze" (so spricht manche Obrigkeit gern zum Volk). Schulz besonders ist ein „Hintergrundmensch", er machte in der Hauptverhandlung einen gedrückten Eindruck, beide, also Hörnich und Schulz, sind Leute ohne vernünftige Entscheidungskraft.

Zugunsten Breites wird gewertet, daß er immerhin zum Vorgesetzten ging, der ihn allerdings „im Regen stehen ließ". Zugunsten Bahns wird gewertet, daß er sich mehr darauf konzentriert hat, die Horde zu beruhigen. Bei Breite und Bahn wird auch bedacht, daß sie beide noch ziemlich jung sind. Beide nennen sich zwar schon Meister, aber die Polizei vergibt diesen Titel ja auch schon an Siebzehnjährige.

Grauns Strafe ist höher, er war der Vorgesetzte, sein Verhalten ist am unangenehmsten. Zu seinen Gunsten wird aber auch berücksichtigt, daß er mit seinen 27 Jahren auch noch ziemlich jung ist und der Aufgabe offensichtlich nicht gewachsen war. Graun erhält 100 Tagessätze zu je 150 DM, er wird gut bezahlt mit rund 5000 DM monatlich. Die anderen Angeklagten erhalten je 60 Tagessätze zu je 80 DM, ihr Einkommen ist auch nicht schlecht, aber doch merklich geringer.

Die Kostenentscheidung beruht auf § 465 StPO.

Amtsgericht Tiergarten

Im Namen des Volkes

Der Angeklagte wird wegen Mißbrauchs von Titeln in zwei Fällen, davon in einem Fall zugleich wegen Beleidigung, zu einer Gesamtgeldstrafe von dreißig Tagessätzen zu je zwanzig DM verurteilt.
Er hat auch die Kosten des Verfahrens zu tragen.
§§ 132a, 185, 21, 52, 53 StGB

Gründe

Der 35jährige Angeklagte schrieb am 15. März 1995 einen Brief an die AOK Berlin (der Brief befindet sich als Blatt 3 im Band IA der Akten) und im März 1995 (Eingang des Briefes beim Empfänger am 24. März 1995) einen Brief an einen Herrn Dorresch von der Kriminalpolizei in der Eiswaldstraße 18 (der Brief befindet sich als Blatt 27 in Band I der Akten). In beiden Briefen betitelte der Angeklagte sich als „Prof. Dr.", also als Professor und Doktor. In dem AOK-Brief „grüßte" der Angeklagte außerdem noch mit „Sieg Heil".

Der Angeklagte hat diesen Sachverhalt in der Hauptverhandlung zugegeben.

In der Hauptverhandlung ist festgestellt worden, daß der Angeklagte sich weder „Professor" noch „Doktor" nennen darf. Er beruft sich, was den „Professor" angeht, auf eine Ernennung durch eine „Count of Oxford"-Universität in Kalifornien, und was den „Doktor" angeht, auf eine Verleihung einer „Deutschen

Evangelisch-Lutherischen Hochschule" in Schmalkalden. Beide Titel sind keine Titel, die man in Deutschland tragen dürfte, das ergibt sich aus umfangreichem Schriftwerk, zum Beispiel dem Schreiben der Kultusministerkonferenz vom 1. Oktober 1990 (Fotokopie als Blatt 19 in Band I) und dem Schreiben des Thüringer Ministeriums für Wissenschaft und Kunst vom 3. Juni 1992 (Fotokopie als Blatt 23 in Band I).

Der Angeklagte ist somit in zwei Fällen wegen Mißbrauchs von Titeln nach § 132a StGB schuldig. In dem AOK-Fall tritt dazu noch „tateinheitlich" Beleidigung (§ 185 StGB). Denn „Sieg Heil" bedeutet, daß man den Empfänger als Nazi bezeichnet, das ist, jedenfalls heute, eine Beleidigung.

Der von der Anklagebehörde in die Hauptverhandlung entsandte Referendar hat sechs Monate Freiheitsstrafe gefordert. Das ist nun sehr übertrieben. Namen und schon gar solche Titel sind nichts als Schall und Rauch, und der Angeklagte hat zudem in diesem Titelbereich – das war in der Hauptverhandlung ganz klar zu spüren – schon die Grenze zu dem überschritten, was man noch als ganz normal bezeichnen kann, er hat sich sozusagen fast krankhaft festgebissen (§ 21 StGB).

Der Angeklagte erhält daher nur kleinere Geldstrafen, je 20 Tagessätze, zusammen die Gesamtgeldstrafe von 30 Tagessätzen zu je 20 DM.

Die Kostenentscheidung beruht auf § 465 StPO.

Warastädt

Amtsgericht Tiergarten

Im Namen des Volkes

Die Angeklagte wird wegen dreimaligen Betruges zu einer Freiheitsstrafe von acht Monaten
verurteilt.
Die Vollstreckung der Strafe wird zur Bewährung ausgesetzt.
Die Angeklagte hat die Kosten des Verfahrens zu tragen.
§§ 263, 53 StGB

Gründe

Um sich so in der Hauptverhandlung zu gerieren, wie die Angeklagte es getan hat, dazu gehört schon eine gute Portion (kaufmännischer) Unverschämtheit und, man muß sogar sagen, Verkommenheit. Gar keine Einsicht, gar kein Bedauern, daß schließlich doch mehrere Firmen auf wirklich nicht unerheblichen Forderungen gegen sie sitzengeblieben sind, keinerlei Gedanken an eine Wiedergutmachung, nur schwammige Ausführungen, daß man zivilrechtlich hafte, jedoch sich strafrechtlich keinen Vorwurf machen lassen müsse. Nun, was nützt die zivilrechtliche Haftung, wo doch seit Jahren kein Pfennig geflossen ist, die Gläubiger gar nicht einmal wußten, wo die Schuldnerin zu erreichen ist, gar nicht zu reden davon, daß die Schuldnerin sich etwa bei ihren Gläubigern gemeldet hätte.

Die Sache liegt so, daß es da eine Fredersdorfer Handelsmarkt GmbH gab, die so erfolgreich arbeitete, daß sie nicht einmal die Miete für ihre Läden zahlen konnte, und über deren aus Stuttgart stammende Verantwortliche, wenn man dieses Wort in diesem

Zusammenhang überhaupt gebrauchen darf, jetzt in einem anderen Strafverfahren in Moabit wenig Rühmliches nachgelesen werden kann. Als jene Gesellschaft völlig am Ende war, zog sie die Angeklagte, die allerdings die „Lebensgefährtin" des Wieland Bock, eines der Fredersdorfer „Verantwortlichen", ist und daher im Bilde war, in die Sache hinein. Die Angeklagte übernahm Fleischerläden, wohl drei; um einen, und zwar den in Berlin–Friedrichshagen, geht es im vorliegenden Fall.

Der Laden lief vermutlich ganz gut. Er war aber gar nicht als solides kaufmännisches Ereignis gedacht, sondern nur als Stätte, aus der man noch einiges Bargeld herausziehen konnte, und zwar dergestalt, daß man sich Waren liefern ließ, sie verkaufte und also Geld einnahm, die Lieferungen aber nicht bezahlte. Die Angeklagte machte das so, daß sie in den drei Fällen, deretwegen sie hier verurteilt wird (es gibt, wie in der Hauptverhandlung zu hören war und auch den schon erwähnten anderen Moabiter Akten und auch solchen der Staatsanwaltschaft Neuruppin entnommen werden kann, noch einige weitere), daß sie also jeweils erst zwei, drei Lieferungen im Laden bezahlen ließ, dann aber, nachdem die Lieferanten nun von der Seriosität ihrer Kundin ausgingen, auf Kredit überging, d. h. daß sie sich liefern ließ und die Rechnungen nicht mehr bezahlte. So geschehen mit dem Fleischlieferanten Olaf Frick, Lieferungen zwischen dem 20. Januar und dem 17. Februar 1997 in Höhe von 24 273,73 DM, bezahlt bis auf die ersten zwei, drei Lieferungen nichts. Als Frick die Lieferungen stoppte, Übergang zu anderen Lieferanten:

Nach Zahlung von zwei, drei Lieferungen der Firma Günter Blaßmann GmbH, Geschäftsführer Jens Schmidt, weitere Lieferungen zwischen 6. April und 19. Mai 1997, dafür nichts gezahlt, zurückgelassene Schulden 28 812,28 DM. Danach Übergang zur „Fleisch-Verkauf Brandenburg", nach Zahlung von zwei, drei Lieferungen, Lieferungen zwischen dem 27. Mai und dem 15. Juli 1997, dafür nichts gezahlt, zurückgelassene Schulden über 54 000 DM.

Alles dies hat sich in der Hauptverhandlung aus einigen Angaben der Angeklagten, aber vor allem aus den Angaben des Fleischermeisters Frick zum ersten Fall, des Geschäftsführers Schmidt zum zweiten Fall, des Geschäftsführers Hans Schwarzert, des Handelsvertreters Jürgen Feldt und der Buchhalterin Hedwig Bedacht zum dritten Fall ergeben. Die Feststellungen, daß der Laden in Friedrichshagen eigentlich ganz gut lief, daß die Angeklagte nach zwei, drei Lieferungen gegen Barzahlung auf (unbezahlte) Rechnungen überging und daß die Angeklagte mindestens alle zwei Tage in den Laden kam, um die Einnahmen abzuholen, stützen sich auf die Aussage der Dagmar Hurtig, die Filialleiterin der Fleischerei war.

Die Aussage der Frau Hurtig wird deshalb hier ausdrücklich erwähnt, weil die Angeklagte, als noch nicht damit zu rechnen war, daß Frau Hurtig als Zeugin erscheinen werde, alles Ungemach auf Hurtig zu schieben versucht hatte. So hatte die Angeklagte gesagt, sie hätte strikt Anweisung gegeben, daß alle Lieferungen bar gezahlt werden. Wäre Hurtig nicht eigenmächtig davon abgewichen, wäre alles gutgegangen. Daß Hurtig auch die Behauptung der Angeklagten, sie habe leider alles laufengelassen, dadurch widerlegt hat, daß sie die Geldabholbesuche der Angeklagten glaubhaft geschildert hat, mag der Angeklagten noch nachgesehen werden. Daß die Angeklagte in Abwesenheit Hurtigs aber auch hat anklingen lassen, daß Hurtig Ware unterschlagen habe, hat denn doch den ohnehin recht ungünstigen Eindruck, den die Verteidigungsausführungen der Angeklagten gemacht haben, gewaltig verstärkt. Was diese „Verteidigungslinie", von der in der Hauptverhandlung so oft die Rede war und die völlig überflüssigerweise zu drei Verhandlungstagen geführt hat, betrifft, so bestand sie darin, daß alles abgestritten wurde, daß Behauptungen ins Blaue aufgestellt wurden, daß, wenn die Behauptungen zusammenfielen, etwas anderes gesagt wurde. Dafür neben Hurtigs Aussage noch ein weiteres unangenehmes Beispiel: Der Zeuge Frick hatte durchaus glaubhaft gesagt, die Angeklagte habe eine Abbuchungsermächtigung erteilt, auf dem Konto der Angeklagten bei der Berliner Sparkasse sei aber dann nichts gewesen. Die Verteidigung behauptete, Frick habe zu früh versucht abzubuchen, hätte er das zum richtigen Zeitpunkt getan, hätte er sein Geld bekommen. Also: Kontoprüfung, Herbeiziehen des Kontostandes von der Berliner Sparkasse, Feststellung, daß auf dem Konto zu keiner Zeit ein Guthaben war, Fallenlassen der Behauptung, daß das Konto ausreichend „bestückt" gewesen sei, neue Behauptung, der allerdings dann nicht mehr nachgegangen worden ist, die Sparkasse habe an der „Unbestücktheit" des Kontos schuld.

Also drei Betrugshandlungen, und zwar ausdrücklich drei und nicht, wie nach den Anklagen, 21 Fälle, nämlich jede einzelne nichtbezahlte Rechnung ein Fall für sich. Jeweils bei einer Firma ein Fall, weil die Angeklagte sich an jede Firma sozusagen einmal „rangemacht" hat und sukzessive mehrere Leistungen bezogen hat, nicht einmal fortgesetzte Handlung, vor der ja jeder neuerdings zurückschreckt, sondern jeweils eine Handlung mit sozusagen fortgesetzter Folge.

Die Angeklagte, die jetzt 50 Jahre ist, hat sich wahrlich die Freiheitsstrafe gut verdient. Vier Monate erhält sie für jeden der drei Fälle, zusammen allerdings reichen als Gesamtfreiheitsstrafe die acht Monate denn doch aus. In diese Strafe wäre übrigens die Strafe aus dem Strafbefehl des Amtsgerichts Tiergarten vom 24. Februar 1998 (8 000 DM Gesamtgeldstrafe wegen Vorenthaltens von Arbeitsentgelt in vierzehn Fällen) eigentlich einzubeziehen gewesen. Jedoch ist jene Strafe denn doch schon bezahlt worden, wie man hört, um einer Vollstreckungsverhaftung zu entgehen.

Nach dem uneinsichtigen Verhalten der Angeklagten in der Hauptverhandlung und dem sich gegenüber den Gläubigern jahrelangen Sichtotstellen trotz ständiger Betonung der zivilrechtlichen Haftung, liegt eine Strafaussetzung zur Bewährung durchaus nicht auf der Hand, zumal man schon wieder von weiteren kaufmännischen Aktivitäten der Angeklagten, die eigentlich ja wohl Keramikerin ist, hat hören müssen. Gleichwohl, Hoffnung sollte man nicht gänzlich aufgeben. Indessen sollte sich die Angeklagte vor weiteren Straftaten sehr hüten! Ausdrücklich nochmals: Sie hat in der Hauptverhandlung, sehr tatkräftig unterstützt von ihrem Verteidiger, einen so schlechten Eindruck hinterlassen, daß sie über die Strafaussetzung zur Bewährung sehr glücklich sein sollte.

Die Kostenentscheidung beruht auf § 465 StPO.

Warastädt

Amtsgericht Tiergarten

Im Namen des Volkes

Der Angeklagte wird wegen zweier gemeinschaftlicher Diebstähle zu einer
Gesamtfreiheitsstrafe von drei Monaten
verurteilt.
Er hat auch die Kosten des Verfahrens zu tragen.
§§ 242, 25 Abs. 2, 53 StGB

Gründe

Dies ist wieder ein Beispiel dafür, wie man es nicht machen soll. Am 14. Juli 1999 wird der Angeklagte zusammen mit zwei anderen jungen Ausländern beim gemeinschaftlichen Diebstahl (§§ 242, 25 Abs. 2 StGB) eines Paars Schuhe für 79,99 DM bei „Woolworth" in Berlin-Tegel gestellt. Aus den glaubhaften Angaben des Kaufhausdetektivs Hans Zwergmann hat sich in der Hauptverhandlung ergeben, daß die drei sozusagen arbeitsteilig vorgegangen sind, einer nahm an sich, einer steckte ein, einer deckte ab. Die drei werden dann zwar gestellt, aber wieder entlassen, wodurch sich bei den ungeklärten Lebensverhältnissen der drei das Verfahren jahrelang einerseits hinschleppt, wodurch andererseits bei den dreien sich selbstverständlich der Eindruck festsetzen muß, hier dürfe man sich allerhand erlauben, was dazu führt, daß man sich auch weiteres erlaubt.
Jedenfalls kam es am 4. August 1999 bereits zu einem weiteren gemeinschaftlichen Diebstahl des Angeklagten. Der Angeklagte und ein anderer junger Ausländer nahmen, was sich in der Hauptverhandlung aus den Angaben des Angeklagten selbst und aus

denen des Kaufhausdetektivs Michael Meier ergeben hat, bei „Hertie" am Halleschen Tor zwei Herrenanzüge an sich, um die Sachen ohne Zahlung des Kaufpreises von 498 DM für sich zu behalten. Wieder dasselbe Lied: Angeklagter wird festgenommen, aber wieder entlassen.

Nun endlich kommen die Sachen also zum Abschluß, wider Erwarten muß man sagen. Denn das Verfahren sollte schon wegen Abwesenheit des Angeklagten sang- und klanglos eingestellt werden, er war nämlich in der Zwischenzeit bereits abgeschoben. Da allerdings in solchen Fällen erfahrungsgemäß mit Rückkehr zu rechnen ist, erging Haftbefehl, und nun ist der Angeklagte auch tatsächlich zurückgekehrt und hat jetzt Strafe abzusitzen.

Angemessen ist jeder Tat eine Freiheitsstrafe von zwei Monaten, beiden Taten zusammen wird die Gesamtfreiheitsstrafe von drei Monaten gerecht. An Bewährung ist gar nicht zu denken, Bewährung hat mit Resozialisierung zu tun, hier ist nichts zu resozialisieren. Um Mißverständnissen vorzubeugen: Das gilt nicht deswegen, weil der Angeklagte Ausländer ist. Er ist sozusagen Durchreisender, nicht zu verwechseln mit denen, die hier rechtens wohnen oder gar hier geboren sind und daher eigentlich gar keine Ausländer sind, sondern nur Menschen mit anderer Staatsangehörigkeit.

Im übrigen: Die Geldstrafen, die den Angeklagten in einem früheren Verfahren, man möchte fast sagen zufällig, denn doch ereilt haben und die jetzt, weil der Angeklagte eben doch noch im vorliegenden Verfahren eingefangen wurde, auch endlich vollstreckt werden können, werden mit den Freiheitsstrafen des vorliegenden Verfahrens ausdrücklich nicht verbunden. Dem Angeklagten soll durch die Freiheitsstrafen nämlich gezeigt werden, daß er ab jetzt wohl immer mit Freiheitsstrafe zu rechnen hat.

Die Kostenentscheidung beruht auf § 465 StPO.

Warastädt

Amtsgericht Tiergarten

Im Namen des Volkes

Der Angeklagte wird wegen Bedrohung zu einer
Freiheitsstrafe von acht Monaten
verurteilt, im übrigen freigesprochen.
Die Vollstreckung der Strafe wird zur Bewährung ausgesetzt.
Soweit Verurteilung hat der Angeklagte die Kosten des Verfahrens zu tragen, soweit Freispruch fallen die Kosten des Verfahrens und etwaige notwendige Auslagen des Angeklagten der Landeskasse zur Last.
§§ 241, 21 StGB

Gründe

Das Leben des Angeklagten bestand bislang vorwiegend aus Alkohol und Gefängnis, und ob da je eine Änderung eintritt, ist zweifelhaft. Denn in der Hauptverhandlung mußte ein Vorfall erörtert werden, der den Angeklagten eigentlich wieder ins Gefängnis gebracht hätte, wenn sich nicht der Bewährungshelfer Krause-Uhl denn doch noch für den Angeklagten in dem Sinn verwendet hätte, daß gegenwärtig nicht eingesperrt werden sollte, besser gesagt: noch nicht, denn die Chancen dafür, daß der Angeklagte demnächst keine neue Straftat begeht, sind doch eher als gering einzustufen. Jedenfalls wird immer noch gesoffen.

Die Straftat, um die es hier geht, ist eine Bedrohung, strafbar nach § 241 StGB. Am 7. Mai 2002 ärgerte sich der, man muß leider sagen natürlich angetrunkene Angeklagte eigentlich zu Recht über einige – wieder muß man sich drastisch ausdrükken – Nachwuchssäufer, darunter den 1987 geborenen Alexander Marek, die gerade auf einem Kinderspielplatz einen Einkaufswagen vergruben. Der Angeklagte rügte Marek und Konsorten, und als die rüde antworteten, zog der Angeklagte ein Messer hervor, hielt es Marek an den Bauch und fragte ihn, ob er das Messer im Bauch haben wolle.

Der Sachverhalt hat sich in der Hauptverhandlung aus den glaubhaften Angaben Mareks ergeben. Er bringt dem Angeklagten die Freiheitsstrafe von acht Monaten ein, weil eine solche Bedrohung mit Messer, jedenfalls beim Angeklagten, immer drauf und dran ist, in ein Delikt der schweren Körperverletzung oder sogar der Tötung überzugehen.

Was den Freispruch angeht, so geht es um einen Vorfall vom 17. Mai 2002. Da soll der Angeklagte dem Alexander Marek aufgelauert und versucht haben, Marek zur Rücknahme des Strafantrages wegen der Bedrohung vom 7. Mai zu bewegen. In diese Sache hat sich keine Klarheit bringen lassen, da war nämlich zwischen dem Angeklagten und Marek und dessen Konsorten schon eine Saufgemeinschaft entstanden. Der Altersunterschied spielt beim Saufen offensichtlich keine Rolle, Angeklagter ist 47, Marek 14.

Die Kostenentscheidung beruht auf § 465, soweit Verurteilung, und auf § 467 Abs. 1, soweit Freispruch.

Warastädt

Amtsgericht Tiergarten

Im Namen des Volkes

Der Angeklagte wird wegen Verstoßes gegen das Versammlungsgesetz (§ 27 Abs. 1 Satz 2) zu einer
Geldstrafe von sechzig Tagessätzen zu je fünfzehn DM
verurteilt.
Er hat auch die Kosten des Verfahrens zu tragen.

Gründe

Am 20. Dezember 1995 fand in Göttingen eine Demonstration statt. Man rechnete mit Zulauf von außerhalb und auch mit Krawall, und so entschloß sich die Polizei, schon auf den Straßen nach Göttingen Kontrollen zu machen, besonders nach Leuten zu sehen, die so aussehen, als würden sie zu der Demonstration fahren, und auch zu sehen, ob diese Leute nach Versammlungsgesetz verbotene Gegenstände bei sich haben. Gegen 10 Uhr hielten Polizeibeamte an der Kontrollstelle Kasseler Landstraße in Göttingen das Auto an, in dem der Angeklagte und noch vier weitere Männer aus Berlin saßen. Beim Durchsuchen des Autos wurde eine ganze Reihe von Sachen gefunden, die üblicher- aber verbotenerweise zu Demonstrationen mitgenommen werden. Man fand drei Schlagstöcke, einen Baseballschläger, zwei Gaspistolen, eine Gassprühdose, drei Reizstoffsprühgeräte, ein Aluminiumrohr, eine Tapezierstange, ein Springmesser.

Dieser Sachverhalt, der nach § 27 Abs. 1 Satz 2 des Gesetzes über Versammlungen und Aufzüge (Versammlungsgesetz) strafbar ist, hat sich in der Hauptverhandlung aus dem ergeben, was der Polizeiobermeister Norbert Zander dem Amtsrichter in Goslar, der ihn nach § 223 StPO vernommen hat, zu Protokoll gegeben hat. Der Angeklagte hat sich nicht geäußert.

Die Staatsanwaltschaft – der Verteidiger sowieso – hat in der Hauptverhandlung Freispruch beantragt. Sie hat die richtige Ansicht vertreten, der Aussage Zanders könne zweifellos entnommen werden, daß der Angeklagte und die anderen Männer auf dem Wege zu der Demonstration gewesen seien und daß es sich bei den vorgefundenen Gegenständen, insbesondere bei dem in der Anklage gegen den Angeklagten aufgeführten Reizstoffsprühgerät, um nach dem Versammlungsgesetz verbotene Gegenstände handelt. Sie hat dann jedoch falsch ausgeführt, die einzelnen Gegenstände, also auch das Reizstoffsprühgerät, könnten den einzelnen Personen nicht zugeordnet werden.

Mit der „Zuordnung" scheint die Berliner Strafjustiz neuerdings auf bemerkenswert unscharfsinnige Weise so ihre Probleme zu haben. Kürzlich vernahm man, daß mehrere Vietnamesen in einer Wohnung, voll mit Waffen, von der Polizei zwar festgenommen werden konnten, dann aber von der Justiz wieder entlassen wurden, wobei man jetzt allerdings hört, daß die Vietnamesen nun wieder zur Festnahme gesucht werden. Sie wurden entlassen, weil man sich fragte, welche einzelne Waffe genau welcher einzelnen Person zuzuordnen sei, und weil man die Antwort darauf nicht wußte. Die richtige Antwort darauf ist jedoch einfach: Wer sich auf ein Waffenlager setzt, der ordnet sich dem Waffenlager zu und, umgekehrt, der muß sich das Waffenlager zurechnen lassen.

So auch hier: Der Angeklagte fuhr in dem Auto zur Demonstration, in dem Auto befanden sich verbotene Gegenstände. Er muß sie sich alle zurechnenlassen, wobei es egal ist, wem die Sachen gehören, es geht hier ja schließlich nicht um Eigentumsfragen. Der Angeklagte wäre nur frei, wenn er sich vergewissert hätte, daß keine verbotenen Gegenstände in dem Auto sind, was er nun allerdings schlechterdings nicht getan haben kann, denn die

– 147 –

Sachen waren ja unbestreitbar in dem Auto. Es ist genauso, als wenn sich jemand eine Jacke anzieht oder einen Rucksack umbindet und dann für den Inhalt nicht aufkommen will.

Der 30jährige Angeklagte ist schon einmal wegen des gleichen Sachverhalts verurteilt worden, wie sich aus der Strafliste ergibt. Da das aber schon etwas zurückliegt, mag er diesmal auch noch mit verhältnismäßig kleiner Geldstrafe davonkommen.

Die Kostenentscheidung beruht auf § 465 StPO.

Amtsgericht Tiergarten

Im Namen des Volkes

Der Angeklagte wird wegen zweimaligen vorsätzlichen Vollrausches zu einer
Gesamtfreiheitsstrafe von fünf Monaten
verurteilt.
Er hat auch die Kosten des Verfahrens zu tragen.
§§ 323a, 53 StGB

Gründe

Der noch nicht einmal ganz 30 Jahre alte Angeklagte ist leider ein Säufer. Der Ausdruck ist gerade richtig, nicht um den Angeklagten zu kränken, sondern um ihm zu zeigen, daß keinerlei Beschönigung über seinen jammervollen Zustand angebracht ist. Hier wird der Angeklagte wegen zweier Rauschtaten verurteilt, und zwar wegen vorsätzlicher Taten, denn der Angeklagte weiß mittlerweile ganz genau, fängt er an zu trinken, gibt es kein Halten mehr. In dem Vollrausch vom 21. August 2001 kam es zu einer Körperverletzung gegen seine damalige Freundin Barbara Bitzer, und in dem Vollrausch vom 25. September 2002 ließ er sich in eine Auseinandersetzung mit Polizeibeamten ein, was sich als Beleidigung, Körperverletzung und Widerstand gegen Vollstreckungsbeamte äußerte.

Der Angeklagte hat die Taten in der Hauptverhandlung zugegeben. Trotzdem erhält er hier Freiheitsstrafe, und zwar je drei Monate, als Gesamtfreiheitsstrafe die fünf Monate und die sogar ohne Strafaussetzung zur Bewährung. Beide Taten fallen nämlich in die Bewährungszeit eines anderen Verfahrens, so daß ihm eine weitere Strafaussetzung nicht eingeräumt werden kann.

In dem anderen Verfahren hat der Angeklagte am 8. September 2000 sogar acht Monate Freiheitsstrafe bekommen. Es ist kein Widerspruch, wenn es in der Hauptverhandlung sich allseitig als das Beste ergeben hat, jene Strafaussetzung stehenzulassen. So behält der Angeklagte, wenn er in vorliegender Sache die fünf Monate verbüßt haben wird, seine Bewährungshelferin und die Aussicht auf Besserung, denn nochmals: söffe der Angeklagte nicht, könnte er eigentlich ein ganz netter Mensch sein.

Die Kostenentscheidung beruht auf § 465 StPO.

Amtsgericht Tiergarten

Im Namen des Volkes

Der Angeklagte wird wegen zweier Diebstähle zu einer Gesamtfreiheitsstrafe von acht Monaten
verurteilt.
Er hat auch die Kosten des Verfahrens zu tragen.
§§ 242, 53 StGB

Gründe

Der Angeklagte zog am 23. September 1998 dem Berlin-Touristen Kurt König aus Villingen im Forum-Hotel am Alexanderplatz die Brieftasche aus der Tasche. Er konnte dank der Aufmerksamkeit und Tatkraft verschiedener Leute gleich nach dem Diebstahl (§ 242 StGB) gefaßt werden, wodurch König seine Sachen auf der Stelle zurückerhielt.
Dies hat sich in der Hauptverhandlung aus den Angaben des Kriminalkommissars Ingo Przeradzki ergeben. Przeradzki ist übrigens „Sofort-Aufklärer" bei der Kriminalpolizei, freute sich also über die sofortige Aufklärung, die besonders wichtig ist, weil es an solchen neuralgischen Orten wie dem Alexanderplatz von Straftätern, insbesondere Hotel- und Taschendieben, nur so wimmelt, und so überstellte Przeradzki den Angeklagten der Staatsanwaltschaft, damit diese ein schnelles Strafverfahren erwirke.
In der Hauptverhandlung mußte Przeradzki nun erfahren, daß seine Arbeit quasi umsonst war. Die Staatsanwältin, in deren Finger der Fall kam, schrieb in die Akten, daß ein Haftbefehl „unverhältnismäßig" sei, und ließ den Angeklagten laufen. Ob sich König, der das schnelle Einfangen des Diebes bewundernd

aufgenommen hatte, sich gewundert hat, als er wenige Tage danach einen Brief der Staatsanwaltschaft mit der Mitteilung erhielt, das Verfahren könne nicht weitergeführt werden, weil der Angeklagte unbekannten Aufenthalts sei, ist nicht bekannt. Der Kenner wundert sich über überhaupt nichts mehr. In der Hauptverhandlung hat diese Köstlichkeit Gelächter erregt, wenn auch kein heiteres.

Den zweiten Diebstahl, dessentwegen der Angeklagte hier verurteilt wird, beging der Angeklagte am 17. Juli 1999. Da zog er auf einem „Rollband" am U-Bahnhof Wilmersdorfer Straße der Susanne Offenburg das Portemonnaie aus der Tasche. Wieder wurde er durch Aufmerksamkeit von Passanten und durch Glück gefaßt, was sich alles aus den glaubhaften Aussagen der Susanne Offenburg und des Polizeihauptmeisters Andreas Friczay in der Hauptverhandlung ergeben hat. Diesmal wurde der Angeklagte nach dem Diebstahl auch so behandelt wie es sich gehört, nämlich ins Gefängnis gebracht, damit ihm der Prozeß gemacht werde.

In der Hauptverhandlung ist zur Person des Angeklagten festgestellt worden, daß er so um die 30 Jahre ist, aus Polen stammt und daß er sich hier seit längerem herumtreibt und wahrscheinlich von Straftaten lebt. Wahrscheinlich ist er auch derjenige, der bereits mehrfach unter zwei anderen Namen aufgefallen und sogar verurteilt worden ist. Ob der jetzt vom Angeklagten angegebene Name richtig ist, kann man nicht sagen, dies ist der Grund dafür, daß er in diesem Verfahren nun einfach als der „Mann aus Zelle 128" bezeichnet wird.

Jedem der beiden Diebstähle ist eine Freiheitsstrafe von fünf Monaten angemessen, beiden zusammen wird die Gesamtfreiheitsstrafe von acht Monaten gerecht. Daß der Angeklagte in Haft bleibt, versteht sich wohl von selbst.

Die Kostenentscheidung beruht auf § 465 StPO.

Amtsgericht Tiergarten

Im Namen des Volkes

Der Angeklagte wird wegen Volksverhetzung zu einer Freiheitsstrafe von sechs Monaten verurteilt.
Die Vollstreckung der Strafe wird zur Bewährung ausgesetzt.
Der Angeklagte hat die Kosten des Verfahrens zu tragen.
§ 130 Nr. 1 StGB

Gründe

Der 22jährige Angeklagte ärgerte sich am Morgen des 11. Januar 1983 über einen türkischen Arbeitskollegen und schrieb deshalb auf seiner damaligen Arbeitsstelle – er wurde aufgrund des Vorfalls entlassen – in den Fahrstuhl: „Endlösung Türkenfrage! Türken raus! Keine deutschen Frauen für Türken!"

Der Angeklagte hat den Sachverhalt in der Hauptverhandlung eingestanden, der Sachverhalt ist Volksverhetzung nach § 130 Nr. 1 StGB.

Die Strafe von sechs Monaten berücksichtigt einerseits mildernd, daß der Angeklagte bislang strafrechtlich kaum in Erscheinung getreten ist, daß er alles zugegeben hat und daß er noch sehr jung ist. Sie berücksichtigt andererseits strafschärfend, daß die Parole „Endlösung Türkenfrage" nach dem, was „Endlösung Judenfrage" in Deutschland mal war, nichts anderes als eine Morddrohung ist und die Bereitschaft zum Massenmord anzeigt. Daß der Angeklagte wohl kaum Urheber solcher neu-faschistischer

Parolen ist, sondern mehr der Typ des sogenannten Mitläufers, entlastet ihn nicht. Die Mitläufer sind nicht weniger schlimm als die geistigen Väter solcher Gedankenläufe.

Da angenommen werden kann, daß der Angeklagte aus dem Vorfall lernt, ist ihm Strafaussetzung zur Bewährung gegeben worden. Um sicherzustellen, daß er lernt, sind ihm Auflagen gemacht worden. Er hat sich mit den Problemen des Völkermordes und der Ausländerminderheiten weiter zu beschäftigen und in Gemeinschaft mit dem Bewährungshelfer nach Wegen zu suchen, im Rahmen der Ausländerproblematik eine nützliche Rolle zu spielen. Als erstes geht er aber ins „Grips"-Theater und sieht sich dort „Voll auf der Rolle" von Leonie Ossowski an.

Die Kostenentscheidung beruht auf § 465 StPO.

Warnstädt

Amtsgericht Tiergarten

Im Namen des Volkes

Der Angeklagte wird wegen Diebstahls und wegen Verstoßes gegen das Waffengesetz und unter Einbeziehung der Strafe, zu der der Angeklagte vom Amtsgericht Tiergarten durch das Urteil vom 19. Januar 1997 unter anderem Namen verurteilt worden ist, zu einer
Gesamtfreiheitsstrafe von einem Jahr sechs Monaten
verurteilt.
Der Angeklagte hat die Kosten des Verfahrens zu tragen.
§§ 242, 243 Abs. 1 Nr. 1 StGB, § 28 Abs. 1 Satz 1 und § 53 Abs. 3 Nr. 1a WaffG, §§ 53, 55 StGB

Gründe

Der Angeklagte, so zwischen 27 und 33 Jahre alt, brachte, möglicherweise gemeinsam mit anderen Leuten, ein Auto, das einem anderen gehörte, dadurch an sich, daß das Auto zwischen dem frühen Morgen des 16. und dem Vormittag des 18. November 1995 mit einem „polnischen Generalschlüssel" geöffnet und dann in seine Garage auf dem Hof eines Hauses in der Geisbergstraße in Berlin-Schöneberg gebracht wurde. Das ist der Diebstahl (§ 242 in Verbindung mit § 243 Abs. 1 Nr. 1 StGB), dessentwegen der Angeklagte hier verurteilt wird.

Die zweite Straftat, deretwegen der Angeklagte hier verurteilt wird, besteht darin, daß er, jedenfalls am 25. November 1995, als er zufällig festgenommen wurde, eine Maschinenpistole mit 18 Patronen und einen Schalldämpfer im Besitz hatte. Er verstieß damit gegen § 28 Abs. 1 Satz 1 des Waffengesetzes und wird deshalb nach § 53 Abs. 3 Nr. 1a desselben Gesetzes bestraft.

Der Angeklagte ist in der Hauptverhandlung wie folgt überführt worden:
Am späteren Abend des 25. November 1995 wurde der Angeklagte zufällig vor der Garage Geisbergstraße von den Polizeibeamten Peter Knaul und Christian Braun mit dem 22jährigen Wojciech Bogdanski, einem Polen wie der Angeklagte, angetroffen. Die Polizeibeamten waren eigentlich unterwegs, um einen Räuber zu fangen. Ihnen waren allerdings dann die beiden Polen aufgefallen, die bei ihrem Anblick schnell von der Straße in die Garage verschwunden waren. Die Polizeibeamten gingen hinterher, warteten etwas, da kamen die beiden Männer aus der Garage und wurden von den Polizeibeamten gebeten, ihre Pässe zu zeigen. Die beiden Männer gaben ihre Pässe heraus, flüchteten aber plötzlich. Der Angeklagte fiel hin und wurde so festgenommen, wenn auch, wie selbst in solchen Fällen üblich, nur vorübergehend. Der andere Pole entkam. In der Garage wurden das gestohlene Auto und die Maschinenpistole und die Munition und der Schalldämpfer und noch viel mehr, was hier allerdings keine Rolle spielt, vorgefunden.

Dieser Sachverhalt hat sich in der Hauptverhandlung aus der glaubhaften Aussage der beiden erwähnten Polizeibeamten ergeben; daß und wie das Auto gestohlen worden ist, hat der Kriminalbeamte Stefan Ehrlich in die Hauptverhandlung gebracht.

Der Angeklagte hat in der Hauptverhandlung gesagt, es sei richtig, er habe die Garage gemietet, übrigens von einem Schauspieler Starkmüller. Er habe die Garage aber gleich an den Bogdanski weitervermietet gehabt, der müsse das Auto und die anderen Sachen da hineingebracht haben. Er wisse von nichts, sei an dem bewußten Abend auch nur in der Garage erschienen, um von Bogdanski ein Autoradio zu kaufen.

Das kann man natürlich dem Angeklagten glauben, aber man

– 156 –

sollte es nicht tun, und das Schöffengericht hat es auch nicht getan, denn schon auf die einfache Frage, warum der Angeklagte die Garage dort in der Geisbergstraße überhaupt gemietet habe, wo er doch, wenn er in Berlin ist, bei seiner Verlobten in der Ringbahnstraße in Berlin-Halensee, also etwa drei Kilometer entfernt, wohne, hat er nichts Einleuchtendes sagen können.

Der Verstoß gegen das Waffengesetz ist keine Kleinigkeit. Er bringt dem Angeklagten ein Jahr Freiheitsstrafe. Für den Autodiebstahl erhält er lediglich fünf Monate, denn schließlich war er zur Tatzeit noch unbestraft. Jetzt sieht die Sache anders aus. Unter einem anderen Namen ist er durch das mittlerweile rechtskräftige Urteil des Amtsgerichts Tiergarten vom 19. Januar 1997 wegen am 7. November 1996 begangener Beihilfe zu einem gemeinschaftlichen Autodiebstahl zu einer Freiheitsstrafe von drei Monaten verurteilt worden. Aus allen diesen drei Strafen ergibt sich die Gesamtfreiheitsstrafe von einem Jahr sechs Monaten. Für eine Strafaussetzung zur Bewährung ergibt sich nicht der mindeste Anlaß.

Die Kostenentscheidung beruht auf § 465 StPO.

Amtsgericht Tiergarten

Im Namen des Volkes

Der Angeklagte wird wegen gefährlicher Körperverletzung zu einer
Freiheitsstrafe von sechs Monaten
verurteilt, im übrigen freigesprochen.
Die Vollstreckung der Strafe wird zur Bewährung ausgesetzt.
Soweit der Angeklagte verurteilt wird, hat er die Kosten des Verfahrens zu tragen und dem Nebenkläger die notwendigen Auslagen zu erstatten. Soweit der Angeklagte freigesprochen wird, fallen die Kosten des Verfahrens und die etwaigen notwendigen Auslagen des Angeklagten der Landeskasse Berlin zur Last.
§§ 223, 224 Abs. 1 Nr. 2, 21 StGB

Gründe

Der Mustafa Sentürk, geboren 1958 in der Türkei, aber schon einige Jahre in Deutschland lebend, und der Angeklagte gerieten am frühen Morgen des 8. November 2002 in der Straßenbahn, die von dem Jochen Kauf gelenkt wurde, aneinander. Der Angeklagte war nicht unerheblich angetrunken, er befand sich in einer Gruppe von vier oder fünf jüngeren Männern, die wohl alle mehr oder weniger alkoholisiert waren. Sentürk erregte als Türke, so muß man sagen, die Aufmerksamkeit der Gruppe. Er hatte die Gruppe schon an der Haltestelle in Schöneweide als möglicherweise unangenehm werdend bemerkt, war dann aber – auch er hatte etwas Alkohol getrunken – in der Straßenbahn eingeschlafen. Er wurde dann jedoch, als jemand aus der Gruppe des Angeklagten ausstieg, dadurch geweckt, daß von außen an die Scheibe geklopft wurde, an die er sich gelehnt hatte. Da ihm auch noch ein Messer gezeigt wurde, erregte er sich und blickte zu der verbliebenen Gruppe, aus der ihm allerdings dann „Scheißtürke" entgegenklang. Sentürk nahm das nicht einfach hin, antwortete möglicherweise auch mit einem Schimpfwort und wies den Angeklagten, der sich mittlerweile eine Zigarette angesteckt hatte, darauf hin, daß in der Straßenbahn nicht geraucht werden dürfe. Diese Widerborstigkeit Sentürks führte zu einem Geschubse, Gerangel zwischen ihm und dem Angeklagten. Der Angeklagte, offensichtlich wütend über die Widerborstigkeit Sentürks, riß den Nothammer von der Wand und schlug damit mehrfach auf Sentürk ein, wobei der am Auge getroffen wurde und sich einen Bluterguß zuzog.

Dieser Sachverhalt – gefährliche Körperverletzung nach §§ 223, 224 Abs. 1 Nr. 2 StGB – hat sich in der Hauptverhandlung aus den Angaben Sentürks, des Angeklagten, des Straßenbahnlenkers Kauf und des Polizeiobermeisters Norman Luft ergeben sowie aus der dem Angeklagten entnommenen Blutprobe.

Der Angeklagte hat den Sachverhalt gar nicht so recht bestritten, meinte allerdings aber wohl, sich auf Notwehr berufen zu können, was natürlich nicht geht, da er einerseits gar keinem Angriff Sentürks ausgesetzt war, schon gar nicht einem solchen, der Hammerschläge zur Abwehr erforderlich gemacht hätte. Und andererseits war ja die unangenehme Situation vom Angeklagten und seiner Gruppe ausgegangen. Was die Verletzungen Sentürks angeht, so hat der Angeklagte behauptet, es könnte sein, daß er den Bluterguß am Auge Sentürks hervorgerufen habe. Aber das sei keinesfalls mit dem Hammer geschehen. Dies hat sich in der Hauptverhandlung so dargestellt, daß das so möglich ist, schon weil die Verletzungen Sentürks nicht als sehr schwerwiegend bezeichnet werden können, jedenfalls nach dem, was in der Hauptverhandlung dazu zu hören war. Gefährliche Körperverletzung liegt aber auf jeden Fall vor, schon deshalb, weil überhaupt der Hammer benutzt worden ist.

Obwohl der Angeklagte, der 24 Jahre alt ist, keine Vorstrafen hat, erhält er Freiheitsstrafe, dies vor allem, um weiteren Straftaten einen Riegel vorzuschieben. Mit weiteren Straftaten müßte man sonst nämlich rechnen, weil der Angeklagte Kontakt zur Nazi-Szene zu haben scheint, jedenfalls damals wohl gehabt hat. In der Hauptverhandlung sah der Angeklagte nun zwar ganz manierlich aus, aber Luft hat gesagt, das sei damals anders gewesen, ein Blick und man habe gewußt: Nazis.

Mit der Mindeststrafe von sechs Monaten kann man aber auskommen, wenn man noch § 21 StGB zugunsten des Angeklagten berücksichtigt. Und Strafaussetzung zur Bewährung wird dem Angeklagten auch nicht versagt.

Der Freispruch betrifft die auch noch angeklagte Beleidigung (§ 185 StGB). Zwar ist „Scheißtürke" gefallen, aber wer das gesagt hat, ist nicht sicher, es kann auch ein anderer aus der unangenehmen Gruppe gewesen sein.

Die Kostenentscheidung beruht, soweit Freispruch auf § 467 Abs. 1, soweit Verurteilung auf § 465 und § 472 Abs. 1 Satz 1 StPO.

Amtsgericht Tiergarten

Im Namen des Volkes

Die Angeklagte wird wegen Beleidigung und wegen Diebstahls zu einer
Gesamtfreiheitsstrafe von fünf Monaten
verurteilt.
Sie hat auch die Kosten des Verfahrens zu tragen.
§§ 185, 242, 248a, 53 StGB

Gründe

Tatsächlich, das kommt nicht alle Tage vor: Dankbar und zufrieden verläßt die Angeklagte mit einer Freiheitsstrafe ohne Strafaussetzung zur Bewährung den Gerichtssaal, und nur die Tatsache, daß sie nicht gleich ins Gefängnis gebracht wird, sondern auf die „Ladung zum Strafantritt" warten muß, dämpft ihre Freude etwas.

In der letzten Zeit stand die Angeklagte viermal vor Gericht. Beim ersten Mal kostete es Mühe, die Angeklagte davon zu überzeugen, daß die Gesamtfreiheitsstrafe von einem Jahr sechs Monaten, zu der sie am 15. November 1998 verurteilt wurde, notwendig war. Die Angeklagte hatte als Reinemachefrau in einem Krankenhaus gearbeitet und dabei Patienten bestohlen. Ein gewisser Trost war es, daß die Vollstreckung der Strafe zur Bewährung ausgesetzt wurde. Die Angeklagte beging danach allerdings weitere Straftaten, was dazu führte, daß sie am 8. Mai 2000 eine Freiheitsstrafe von neun Monaten erhielt. Die Vollstreckung dieser Strafe konnte natürlich nicht zur Bewährung ausgesetzt werden, und es liegt auf der Hand, daß zugleich auch die Strafaussetzung des ersten Verfahrens widerrufen wurde.

Jetzt gab es Heulen und Zähneklappern.

Danach trat etwas Merkwürdiges ein: Der Angeklagten gefiel es im Gefängnis. Eigentlich nicht verwunderlich, wenn man ihr früheres Leben bedenkt. Sie hat zwar drei Kinder geboren, aber wenn dabei an liebevolles Familienglück gedacht werden sollte, weit gefehlt, das Gegenteil war richtig. Im Gefängnis lebte die Angeklagte auf, arbeitete in der Küche zu allseitiger Zufriedenheit, und offensichtlich fand sie zum ersten Mal Anerkennung.

So kam es, daß die Angeklagte den Tag fürchtete, an dem sie entlassen werden würde. Da verfiel sie auf die Idee, auch noch diejenigen Straftaten – alles im wesentlichen dasselbe, Diebstähle im Krankenhaus – anzuzeigen, von denen man bisher noch nichts wußte. Sie erhoffte sich dadurch weitere Gefängnisstrafe. Jedoch welche Enttäuschung! Der Tag der Entlassung rückte näher und näher, aber keine neue Hauptverhandlung war in Sicht. Die Angeklagte kannte offenbar nicht die langen Wege, die es bei der Justiz so gibt, selbst wenn die Sache einfach liegt, wie es bei einem Geständnis doch der Fall ist. Als sich abzeichnete, daß mit einer fristgerechten weiteren Verurteilung nicht zu rechnen war, so daß sie also aus dem Gefängnis hinausmüssen werde, kochte sie vor Wut. Sie nahm Papier und Schreibstift und schrieb an den „dümmsten und langsamsten Staatsanwalt, den ich kenne". In ihrem Brief vom 10. Juni 2001 heißt es zunächst noch einigermaßen zurückhaltend, sie sei „stinksauer, weil Sie seit letztem Jahr Zeit brauchen, meine Selbstanzeige zu bearbeiten und ein Urteil zu fällen". Dann aber kommt die Angeklagte in Fahrt: Der Staatsanwalt sei „das faulste Stück Scheiße", ein „faules Schwein", habe für „notorische Schlamperei einen Orden verdient" und so weiter und so fort in diesem Sinne, wobei Ärgeres hier weggelassen wird. Die Angeklagte schließt den Brief mit dem wohl aufmunternd gemeinten Satz: „Und jetzt fangen Sie endlich mal an, Sie faule, blöde Socke, Sie gehirnamputiertes Arschloch", und nach „gezeichnet" folgt ihr voller Name.

Nun, da konnte ja eigentlich nichts schiefgehen. Aus dem Brief wurde eine Beleidigungsanklage, die die Staatsanwaltschaft am 14. September 2001 verfaßte und im Oktober dem Strafrichter vorlegte. Mittlerweile hatte am 4. September 2001 die Hauptverhandlung in dem von der Angeklagten erstrebten weiteren Verfahren stattgefunden. Wegen mehrerer Diebstähle, wegen Betruges und wegen Urkundenfälschung erhielt die Angeklagte wieder ein Jahr sechs Monate Freiheitsstrafe. Das war zu ihrem Mißvergnügen ja viel zu spät, sie hatte ja Mitte Juni schon aus dem Gefängnis hinausgemußt und schlimmer noch: Sie erhielt wieder Strafaussetzung zur Bewährung. Schon richtig, denn man hatte ihr eine kleine Wohnung verschafft, und der Mensch ist ja schließlich nach humanistischer Auffassung zur Freiheit geboren, auch dann, wenn er damit gar nichts anfangen kann. Die Angeklagte verließ den Gerichtssaal am 4. September 2001 sehr sehr böse.

Offensichtlich hatte ihr toller Brief vom 10. Juni 2001 seinen Zweck nicht erfüllt. Daß 10 Tage nach der neuen Hauptverhandlung Anklage erhoben wurde, davon wußte sie ja noch nichts, der Richter im übrigen auch nicht. Aber Aufgeben ist nicht die Sache der Angeklagten. Jetzt ging es darum, die ihr aufgezwungene Strafaussetzung zur Bewährung durch neue Straftaten zu brechen. Gedacht, getan: Am 9. Dezember 2001 ging sie ins „Kaufland" in der Breiten Straße in Berlin-Pankow und sackte ein, ohne natürlich an Bezahlung des Gesamtverkaufspreises von 41,17 DM zu denken. Die „eingekauften" Sachen sind in der Anklageschrift vom 14. Januar 2002 von der Amtsanwaltschaft unnachahmlich wie folgt aufgezählt:

1 x Käse Bratwurst
1 x Thür. Bratwurst
1 x Rahm-Rosenkohl
1 x Schinkenwurst
1 x Bratheringe Hawesta
2 x Nestle LC 1 Drink
3 x Wick blau

1 x Fischstäbchen
1 x Kaffee Gala Eduscho.

Wegen des Briefes vom 10. Juni 2001 und wegen des „Einkaufs"
vom 9. Dezember 2001 wird die Angeklagte jetzt hier verurteilt.
Sie hat sowohl die in dem Brief liegende Beleidigung (§ 185
StGB) als auch den Ladendiebstahl (§§ 242, 248a StGB) in der
Hauptverhandlung zugegeben. Über die Gesamtfreiheitsstrafe
von fünf Monaten – je drei Monate für jede Tat einzeln – schien
sie erfreut und noch mehr darüber, daß ihr gesagt wurde, daß nun
auch die Freiheitsstrafe von einem Jahr sechs Monaten aus dem
Urteil vom 4. September 2001 zu verbüßen sein werde. Wie
gesagt, ein kleiner Wermutstropfen bleibt doch: sie muß auf die
„Ladung zum Strafantritt" warten. Da das wieder einige Zeit
dauern wird, ist wohl demnächst mit einem weiteren gehar-
nischten Schreiben der Angeklagten zu rechnen. Im Grunde hat
sie ja recht, wir könnten und sollten auch gewaltig schneller sein.

Nun kann die Angeklagte ja nicht immer im Gefängnis bleiben,
jedenfalls nicht immer als Gefangene. Vielleicht überlegt man es
sich einfach mal, ob die Angeklagte nicht als Küchenfrau dort,
wo es ihr so gut geht, ganz normal eingestellt werden könnte. Das
hätte auch den Vorteil, daß sie sich weitere Straftaten, und seien
dies auch nur geharnischte Schreiben an empfindliche Amtsper-
sonen, schenken könnte.

Die Kostenentscheidung beruht auf § 465 StPO.

Amtsgericht Tiergarten

Im Namen des Volkes

Der Angeklagte wird wegen Diebstahls zu einer Geldstrafe von zwanzig Tagessätzen zu je zwanzig DM verurteilt. Er hat auch die Kosten des Verfahrens zu tragen.
§§ 242, 248a, 21 StGB

Gründe

In der Nacht vom 13. zum 14. Juni 1998 war offensichtlich wieder einmal viel „event" in und auch vor der Volksbühne am Rosa-Luxemburg-Platz. Vor dem Theatergebäude stand ein „Pavillon der Volksbühne". Aus diesem Pavillon wurde Bier verkauft. Die Polizei hat einen Bericht zu den Akten gebracht, wonach ein wohl künstlerisch leitender Herr der Volksbühne ihr mitgeteilt habe, wörtlich: „In dem betroffenen Pavillon findet seit einiger Zeit ein Kunstprojekt statt. Dieses Projekt besteht darin, Flaschenbier für 1 DM pro Flasche an Besucher des Pavillons zu verkaufen."

Das ist lustig, besonders, weil einem sofort der Gedanke kommt, Kunstprojekt nur deshalb, weil keine Ausschankerlaubnis vorliegt. Einerlei: In jener Nacht wurde in den Pavillon eingebrochen. Die Täter entkamen unerkannt mit mehreren Kisten Bier. Der angetrunkene Angeklagte sah den offenen Pavillon, ging hinein und holte sich und seinen Freunden auch eine Kiste Bier heraus.

Die Straftat des Angeklagten – ein Diebstahl nach §§ 242, 248a,

21 StGB – hat sich in der Hauptverhandlung aus den glaubhaften Angaben der Studentin Nora Bader und des Polizeimeisters Herrmann Richter ergeben. Ihr wird die Geldstrafe von 20 Tagessätzen zu je 20 DM gerecht. Der Angeklagte hat schon einige Vorbelastungen beim Jugendgericht, allerdings liegen die Sachen länger zurück. Vor weiteren Straftaten sollte er sich jedoch hüten!

Die Kostenentscheidung beruht auf § 465 StPO.

Warastädt

Amtsgericht Tiergarten

Im Namen des Volkes

Der Angeklagte wird wegen eines besonders schweren Falls des Landfriedensbruchs, zugleich begangen mit Widerstand gegen Vollstreckungsbeamte und versuchter gefährlicher Körperverletzung, und wegen Widerstands gegen Vollstreckungsbeamte zu einer
Gesamtfreiheitsstrafe von einem Jahr
verurteilt.
Die Vollstreckung der Strafe wird zur Bewährung ausgesetzt.
Der Angeklagte hat die Kosten des Verfahrens zu tragen.
§§ 113, 125, 125a Nr. 2, 223, 224, 22, 52, 53 StGB

Gründe

Ein hervorragendes „Event" Berlins ist immer wieder der 1. Mai, da gibt es immer Krawall. Damit kann man rechnen. Krawall-Touristen kommen, die Polizei läßt sich nicht lumpen, steht mit Wasserwerfern und Hundertschaften bereit, und es kommt zur erwarteten Straßenschlacht. Wer das seit Jahren verfolgt, fragt sich allerdings manchmal, was denn die Krawalleute machen würden, wenn die Polizei mal zu Hause bliebe.

Am 1. Mai vergangenen Jahres kam auch der Angeklagte zum bewußten „Event" aus Rostock in die Hauptstadt. Gegen 20.30 Uhr war es soweit. Die „Revolutionäre Mai-Demonstration" – so nennt sich das tatsächlich – war am Oranienplatz zu Ende gegangen, die Touristen und die Polizisten hatten Aufstellung genommen, die Revolution samt Gegenrevolution begann.

Unter den Touristen der Angeklagte. Wie es sich für diesen „Event" gehört, nahm er Steine auf und schleuderte sie gegen die Polizisten. Das konnten der Polizeihauptkommissar Horst Zahn und der Polizeihauptmeister Martin Fuchs sehen und haben es in der Hauptverhandlung auch so glaubhaft bekundet. Einige Zeit später gelang es Zahn, den Angeklagten festzunehmen. Der Angeklagte schlug dabei um sich. Auch das ist von Zahn in der Hauptverhandlung glaubhaft bekundet worden, es hat sich auch aus den glaubhaften Angaben des Polizeiobermeisters Andreas Dürrschmid und des Polizeioberkommissars z. A. Mario Hausmann ergeben.

Der erste Teil des Sachverhalts ist als besonders schwerer Fall des Landfriedensbruchs (§ 125a Nr. 2 StGB) zu werten. Er ist zugleich auch Widerstand gegen Vollstreckungsbeamte (§ 113 StGB) und versuchte gefährliche Körperverletzung (§§ 223, 224 StGB). Nach der Anklageschrift und nach Zahn handelt es sich sogar um eine vollendete Körperverletzung, denn nach ihm ist er von einem Stein des Angeklagten sogar getroffen worden. Das hat sich aber denn doch nicht als ganz sicher erwiesen.

Der zweite Teil des Sachverhalts ist nach § 113 StGB strafbar.

Für den Angeklagten, der 25 ist, spricht, daß er bislang noch nicht hatte bestraft werden müssen. So soll er für alles mit dem einen Jahr Freiheitsstrafe mit Strafaussetzung zur Bewährung davonkommen: Elf Monate zwei Wochen gibt es für den ersten Teil, einen Monat für den zweiten, damit ist das runde Jahr komplett.

Die Kostenentscheidung beruht auf § 465 StPO.

Amtsgericht Tiergarten

Im Namen des Volkes

Der Angeklagte wird wegen Diebstahls, wegen versuchten Diebstahls und wegen zweier gefährlicher Körperverletzungen zu einer
Gesamtfreiheitsstrafe von acht Monaten
verurteilt.
Er hat auch die Kosten des Verfahrens zu tragen.
§§ 242, 223, 223a, 21, 22, 53 StGB

Gründe

Der Angeklagte treibt sich seit geraumer Zeit in Berlin herum und begeht, wie nicht anders zu erwarten, Straftaten. Er ist albanischer Nationalität, stammt aber aus dem Kosovo-Gebiet, das zu Serbien gehört. Er ist bereits mehrfach, wie man so zu sagen pflegt, strafrechtlich in Erscheinung getreten. 1993 erhielt er wegen Diebstahls in acht Fällen eine Woche Jugendarrest, 1994 wegen Diebstahls in vier Fällen vier Wochen Jugendarrest, 1995 wegen Verstoßes gegen das Ausländergesetz und 1996 wegen Diebstahls jeweils durch Strafbefehle, deren kriminologischen Wert man ja bekanntermaßen mit Null ansetzen muß, Geldstrafen. Ende 1996 kam es dann wegen versuchten Diebstahls zu einer Freiheitsstrafe von zwei Monaten mit Strafaussetzung zur Bewährung, die allerdings mittlerweile widerrufen ist. Am 21. Mai 1997 wurde der Angeklagte in einem weiteren Verfahren festgesetzt, und am 8. Juni 1997 erhielt er drei Monate Freiheitsstrafe, die er bis zum 21. August 1997 verbüßt hat, so daß die Strafe nun hier auch schon deshalb nicht einbezogen werden kann, obwohl die Taten, mit denen wir es hier zu tun haben, nach den bekannten ineffektiven Strafverfolgungsmethoden vor jenem Urteil begangen worden sind. Daneben gibt es noch ein weiteres Verfahren, Urteil vom 22. Juni 1997, vier Monate Freiheitsstrafe, unter Einbeziehung jener drei Monate vom 8. Juni 1997 allerdings sechs Monate. Diese Sache „schwebt" noch beim Landgericht in der Berufung.

Hier in diesem Verfahren geht es um Vorfälle vom 13. und 19. April 1997, ein weiterer Vorfall vom 2. Januar 1997 – angeklagt Handtaschendiebstahl – wurde wegen der anderen Vorfälle fallengelassen (§ 154 Abs. 2 StPO).

In der Nacht vom 12. zum 13. April 1997, kurz nach Mitternacht, versuchte der Angeklagte in angetrunkenem Zustand (§ 21 StGB) dem am 22. Juli 1951 geborenen Ali Unzac am U-Bahnhof Osloer Straße das Portemonnaie aus der Gesäßtasche zu ziehen. Unzac bemerkte das und verfolgte den fliehenden Angeklagten. Da sprühte der Angeklagte Ali Uncaz Gas ins Gesicht. Als nun der am 15. April 1981 geborene Alexander Antoni, der zufällig des Wegs kam, den Angeklagten festhalten wollte, erhielt auch er vom Angeklagten eine Ladung Gas ins Gesicht. Diese Straftaten vom 13. April 1997 – zunächst versuchter Diebstahl (§§ 242, 22 StGB), sodann zwei gefährliche Körperverletzungen (§§ 223, 223a StGB) – haben sich in der Hauptverhandlung aus den glaubhaften Angaben Unzacs ergeben. Die alkoholische Beeinflussung des Angeklagten hat sich der Blutprobe entnehmen lassen (1,42 Promille um 1.35 Uhr, Tatzeit gegen 1 Uhr).

Der Angeklagte wurde nach den Straftaten vom 13. April 1997 wieder freigelassen, so daß weiteren Straftaten nichts im Wege stand. Am 19. April 1997 griff der Angeklagte auf einer Rolltreppe im U-Bahnhof Möckernbrücke der am 11. Oktober 1949 geborenen Margarete Pittelkow in die Handtasche und holte sich Frau Pittelkows Portemonnaie heraus, in dem sich deren Papiere und 40 DM befanden, um es für sich zu behalten. Glücklicherweise bemerkte Frau Pittelkow das und erhielt das Gestohlene dank ihres beherzten Einsatzes zurück, sie haute ihm eine Maulschelle. Davon sichtlich immer noch beeindruckt, hat der Angeklagte diesen Diebstahl (§ 242 StGB) in der Hauptverhandlung zugegeben.

Der Angeklagte erhält Freiheitsstrafe, je drei Monate für jede Tat, zusammen die acht Monate. Der Staatsanwaltschaft war das zu wenig, sie wollte ein Jahr zwei Monate. Das hat so ein bißchen den Eindruck von Kraftmeierei gemacht. Die Staatsanwaltschaft sollte bedenken, daß es nicht nötig ist, in der Hauptverhandlung, wenn alles getan ist, Stärke zu zeigen. Sie sollte vielmehr darüber nachdenken, warum denn der Angeklagte am 2. Januar 1997 und am 13. und 19. April 1997 auf freiem Fuß geblieben ist und warum sie es nicht geschafft hat, dies Verfahren so rechtzeitig vorzulegen, daß es mit den anderen hätte zusammen erledigt werden können. Die Anklage des vorliegenden Verfahrens ist nämlich erst hergereicht worden, als die beiden anderen Hauptverhandlungen, von denen eine auch schon zuviel war, stattgefunden hatten. Allerdings muß man sagen, daß beim Überreichen der Anklage des vorliegenden Verfahrens ausnahmsweise darauf verwiesen worden ist, daß ein anderes Verfahren mit ihm in Zusammenhang stände. Daß das dabei angegebene Aktenzeichen falsch war, nun ja ..., man soll nicht zu anspruchsvoll sein.

Die Kostenentscheidung beruht auf § 465 StPO.

Amtsgericht Tiergarten

Im Namen des Volkes

Der Angeklagte wird wegen Körperverletzung zu einer Freiheitsstrafe von einem Monat
verurteilt.
Er hat auch die Kosten des Verfahrens zu tragen.
§ 223 StGB

Gründe

Eigentlich ein ganz alltäglicher Vorgang aus dem Autostraßenverkehr: zwei Männer gerieten sich in die Haare, weil der eine nach der Ansicht des anderen etwas falsch macht und weil der eine dem anderen das auch unbedingt klarmachen muß. Gegen Mittag des 5. Mai 1997 fuhren der 30jährige Angeklagte und seine Freundin, die Wachpolizistin Melanie Holzke, in ihrem Auto Marke Audi den Buckower Damm entlang. Links neben ihnen fuhr der Kaufmann Rolf-Peter Kutscher in seinem Auto Marke BMW. Als sich die Straße verengte, wollte Holzke, die den Audi steuerte, nach links auf die Fahrspur Kutschers. Holzke und dem Angeklagten, der also Beifahrer bei Holzke war, schien es so, als ob Kutscher den Audi nicht vorlassen wollte, und wahrscheinlich hatten sie auch recht mit dieser Annahme. Der Angeklagte geriet wegen dieses, wie gesagt, alltäglichen Vorgangs in völlig unangemessene Rage. Er sprang aus dem Auto und rannte an die Fahrertür des BMW, um Kutscher beizubringen, wie falsch der sich verhalten habe. Bei dieser Gelegenheit schon, so hat Kutscher in der Hauptverhandlung bekundet, habe der Angeklagte ihn zu schlagen versucht, was nur deshalb nicht so richtig gelungen sei, weil er, Kutscher, seinen Kopf habe wegdrehen können.

Nach diesem Vorspiel stellte sich der Angeklagte vor den BMW, um Holzke mit dem Audi auf dessen Fahrspur zu holen. Kutscher aber ließ das nicht zu, er fuhr mit dem BMW ein kleines Stück vorwärts, wobei er den Angeklagten möglicherweise leicht berührte. Das brachte den Angeklagten erneut in Rage. Er tat so, als ob Kutscher ihn umgeworfen habe, und ließ sich theatralisch zunächst auf die Motorhaube des BMW und dann auf die Erde sinken. Dann aber kam er wieder hoch, ging voll Wut erneut zu Kutscher an die Autotür, haute Kutscher mit der Faust ins Gesicht und trat ihn noch gegen die Brust, als Kutscher nach dem Faustschlag Anstalten machte, sich aus dem Auto zu erheben.

Dieser Sachverhalt, strafbar als Körperverletzung nach § 223 StGB, hat sich in der Hauptverhandlung zu weiten Teilen aus der Aussage des Angeklagten selbst ergeben. Der Angeklagte hat jedoch bestritten, Kutscher geschlagen zu haben. Daß er das aber doch getan hat, hat sich aus den glaubhaften Angaben Kutschers ergeben. Daß der Angeklagte im übrigen vor dem Auto Kutschers Theater spielte, hat die Fahrschulsekretärin Angelika Grünfeld, zufällige Beobachterin des Geschehens, in der Hauptverhandlung glaubhaft bekundet.

Der, es sei nochmals gesagt, eigentlich nicht allzu erhebliche Vorgang – es gibt im Autostraßenverkehr ganz, ganz andere Sachen –, führt beim Angeklagten geradezu unvermeidlich zu Freiheitsstrafe, wenn auch nur zu dem einen Monat. Diesen einen Monat gibt es jedoch ohne Strafaussetzung zur Bewährung. Als Grund muß man nicht mehr angeben, als daß der Angeklagte in drei Verfahren unter Bewährung steht.

Die Kostenentscheidung beruht auf § 465 StPO.

Warastadt

– 173 –

Amtsgericht Tiergarten

Im Namen des Volkes

Der Angeklagte wird wegen Diebstahls in elf Fällen zu einer Gesamtfreiheitsstrafe von sechs Monaten
verurteilt.
Die Vollstreckung der Strafe wird zur Bewährung ausgesetzt.
Der Angeklagte hat die Kosten des Verfahrens zu tragen.
§§ 242, 248a, 21, 53 StGB, § 17 Abs. 2 BZRG

Gründe

Die elf Diebstähle (jeweils strafbar nach § 242, in den Fällen vom 12. Mai und 30. Juni 1997 in Verbindung mit § 248a StGB) sind die folgenden:

Der Angeklagte nahm am 22. Januar 1997 im KaDeWe eine Hose und ein Portemonnaie für 375 DM, am 29. Januar 1997 bei „Pro Markt" in der Karl-Marx-Straße 225 in Berlin-Neukölln ein Schallplattengerät für 249 DM, am 25. Februar 1997 im „Kaufhof" am sogenannten Hauptbahnhof in Berlin ein Paar Sportschuhe für 89,95 DM, am 8. März 1997 bei „Wertheim" am Kurfürstendamm eine Lederjacke für 799 DM, am 3. Mai 1997 bei „Hertie" in Berlin-Neukölln ein Paar Herrenschuhe für 99,90 DM, am 12. Mai 1997 bei „Hertie" am Kurfürstendamm ein Portemonnaie für 25 DM, am 27. Mai 1997 bei „Woolworth" in Berlin-Neukölln eine Hose für 99 DM, am 19. Juni 1997 bei „Peek & Cloppenburg" in der Tauentzienstraße eine Hose für 149 DM, am 30. Juni 1997 in „Kaiser's Verbrauchermarkt", Am Tierpark 68 in Berlin-Friedrichsfelde zwei Flaschen Schnaps für

47,98 DM, am 12. Juli 1997 im KaDeWe eine Hose für 159 DM und am 30. Juli 1997 bei „Hertie" in Berlin-Steglitz zwei Hosen für 299,80 DM jeweils an sich, um die Sachen ohne Zahlung des Kaufpreises für sich zu behalten.

Der Angeklagte hat alle diese Taten in der Hauptverhandlung zugegeben. Er hat auch glaubhaft gesagt, es sei zu den Straftaten gekommen, weil er rauschgiftsüchtig ist, womit hier § 21 StGB und § 17 Abs. 2 BZRG aufgeführt werden.

Der Angeklagte erhält, obwohl er eigentlich keine Vorstrafen hat – es ist lediglich ein Strafbefehl wegen Ladendiebstahls im Register eingetragen, und ein Strafbefehl hat ja bekanntermaßen keinerlei kriminologischen Wert –, hier wegen der Vielzahl der Diebstähle Freiheitsstrafe. Angemessen ist je ein Monat, allen Straftaten wird die Gesamtfreiheitsstrafe von sechs Monaten gerecht.

Der Angeklagte war jetzt rund sechs Wochen in Haft. Eine Gerichtshelferin hat ihn im Gefängnis besucht und in der Hauptverhandlung gesagt, man werde sehen, ob der Angeklagte nach diesem Gefängnisaufenthalt zu einer Änderung seines Lebens bereit ist, es sei nicht ausgeschlossen. So wird der Angeklagte auf Bewährung entlassen.

Nun ist es leider notwendig, ein offenes Wort an die Staatsanwaltschaft zu richten. Die hat in der Hauptverhandlung Fassungslosigkeit ausgelöst. Nicht Erstaunen, das wäre zu wenig, nicht Entsetzen, das wäre zu viel, nein, einfach Fassungslosigkeit ausgelöst mit ihren Strafanträgen von 5, 4, 2, 7 usw. Monaten, und mit einer Gesamtfreiheitsstrafe von einem Jahr sechs Monaten ohne Strafaussetzung zur Bewährung. Welche Kraftmeierei! Unvergleichlich besser wäre es gewesen, wenn die Staatsanwaltschaft statt mit ihrer Kraft in der Hauptverhandlung zu meiern, ihre Kraft dafür eingesetzt hätte, die meisten der Straftaten durch konsequenten Zugriff zu verhindern. Sie hat es zu verantworten, daß der Angeklagte nach jeder Straftat wieder entlassen wurde, zu neuer Straftat, muß man sagen, denn es stand fest, daß der Angeklagte rauschgiftsüchtig ist und daher immer weiter Straftaten begehen werde. Der Angeklagte wurde schließlich am 16. August 1997 bei einem weiteren Diebstahl – die Anklage dazu wird hier wohl so im November eintreffen – festgenommen, und er wäre ganz sicherlich wieder entlassen worden, wenn das Amtsgericht nicht nach Eingang der ersten beiden Anklagen – die ganze Sache verteilt sich ja auf sage und schreibe sechs Anklagen – in einem Akt der Barmherzigkeit Haftbefehl erlassen hätte, der dann am 16. August 1997 einer erneuten Freilassung des Angeklagten entgegenstand. Der Ausdruck „Akt der Barmherzigkeit" fällt einem ein, wenn man liest, was die Gerichtshelferin nach ihrem Besuch beim Angeklagten im Gefängnis geschrieben hat:

Herr S. erklärte, daß er eigentlich ganz froh sei, daß er in die Untersuchungshaft gekommen sei, dadurch „habe die ganze Klauerei aufgehört" und er fühle sich jetzt wesentlich wohler. Er erklärte wörtlich: „Irgendwie hat es mir gutgetan, daß sich die Angelegenheit so entwickelt hat."

Dem Angeklagten wird übrigens, das sei nicht verschwiegen, noch einiges weitere mit Behörden bevorstehen. Das Landeseinwohneramt Berlin – IV A 334 – hat schon „für die Entscheidung auf Einleitung ausländerrechtlicher Maßnahmen" um Mitteilung gebeten. Um das richtig einzuschätzen, muß man wissen, daß der jetzt dreißig Jahre alte Angeklagte hier immer noch als Ausländer geführt wird, obwohl er im Alter von zwei Jahren nach Deutschland gekommen ist und nichts anderes als nur Deutsch spricht.

Die Kostenentscheidung beruht auf § 465 StPO.

Amtsgericht Tiergarten

Im Namen des Volkes

Die Angeklagten werden wegen zugleich mit Betrug begangenen Verstoßes gegen das Ausländergesetz zu Freiheitsstrafen verurteilt, und zwar
der Angeklagte Beriz Suric zu sechs Monaten,
die Angeklagte Marja Suric zu vier Monaten.
Die Vollstreckung der Strafen wird zur Bewährung ausgesetzt.
Die Angeklagten haben die Kosten des Verfahrens zu tragen.
§§ 263, 52 StGB, § 92 Abs. 1 Nr. 3 AuslG

Gründe

Dies ist eigentlich ein schreckliches Verfahren, schrecklich nicht deshalb, weil die Angeklagten so besonders schlimme Straftaten begangen hätten, sondern schrecklich deshalb, weil die Straftaten der Angeklagten eigentlich hätten verhindert werden können.

Die Angeklagten sind vor gut acht Jahren aus Bosnien nach Deutschland gekommen. Seit dieser Zeit werden sie hier im Schwebezustand gehalten. Sie erhalten kein Aufenthaltsrecht, sondern werden nur geduldet, sie dürfen nicht arbeiten, sondern werden gezwungen untätig herumzusitzen und Sozialamtskostgänger zu sein. Als sie herkamen, waren sie 18 und 20 Jahre alt, sie haben also die wichtigen Jahre, in denen sozusagen die Weichen fürs spätere Leben gestellt werden, hier vertan. Dabei sind sie gesund und haben Tatendrang und hätten längst ihren Platz gefunden, hätte man sie nur gelassen. Als sich, sagen wir, nach zwei Jahren abzeichnete, daß man sie in vertretbarer Zeit nicht wieder loswird, hätte man sie legalisieren müssen, wobei es mit Loswerden überdies noch so ist, daß man mit einigem Weitblick eigentlich heute schon erkennen müßte, daß man in einigen Jahren junge Leute wird anwerben müssen.

Angesichts dieser mißlichen Lage hat sich der Tatendrang der Angeklagten bislang, soweit man sieht, vor allem in Straftaten äußern können. Bei Beriz Suric steht eine gewaltige Strafe im Register, ein Jahr drei Monate (mit Strafaussetzung zur Bewährung) durch das Urteil des Landgerichts vom 8. November 1997, weil er sich Einkommen über die Sozialhilfe hinaus durch Falschbeurkundung, Urkundenfälschung und Betrug verschafft hat. Auch Marja Suric war nicht untätig. Auch für sie ist eine Strafe im Strafregister notiert, Urteil vom 12. Juli 1999, allerdings nur drei Monate Freiheitsstrafe (auch mit Bewährung). Dieses Urteil liegt, das sei hier gleich gesagt, nach der Straftat, deretwegen sie im vorliegenden Verfahren abgeurteilt wird, so daß aus beiden Strafen demnächst eine Strafe gebildet werden wird.

Nun endlich zu dem, was hier abgeurteilt wird! Die Angeklagten sind anklagegemäß verurteilt worden, sie haben die Vorwürfe der Anklage vorbehaltlos als wahr und strafbare Handlungen akzeptiert, und so ist es angebracht, hier im wesentlichen die Anklageschrift selbst wie folgt sprechen zu lassen:
Die Angeklagten „waren im Tatzeitraum als bosnische Kriegsflüchtlinge in Deutschland geduldet. Die Ausübung einer gewerblichen Tätigkeit war ihnen durch entsprechende Auflage untersagt. Im (Zeitraum 1996 bis 24. Juni 1999) erhielten sie monatlich in unterschiedlicher Höhe Sozialhilfe, zusätzlich wurden sie durch das Bezirksamt Weißensee, Abteilung Soziales, kostenlos untergebracht. Im Zeitraum 1. Juli 1998 – 7. Dezember 1998 entstanden für sie Kosten in Höhe von insgesamt 14 053,05 DM und im Zeitraum von 1. Januar 1999 bis zum Mai 1999 insgesamt 13 823,81 DM. Im Tatzeitraum erwarben, besaßen und verkauften die Angeklagten folgende Kraftfahrzeuge ..."
Und nun folgt eine Aufstellung über dreizehn Autos, mit denen

die Angeklagten sozusagen einen Handel getrieben haben sollen und auch haben, denn ihre eigenen Angaben dazu kann man nun schlechterdings nicht in Frage stellen, und das Ganze bedurfte daher auch keiner weiteren Beweise.

Also erwiesen ist der Sachverhalt und als gemeinschaftlich begangener Betrug, zugleich begangen mit einem Verstoß gegen das Ausländergesetz (§ 56 Abs. 3 Satz 3 in Verbindung mit § 92 Abs. 1 Nr. 3 Ausländergesetz), ist der Sachverhalt auch ohne weiteres zu werten. Fragt sich nur, was da als Strafe angemessen ist. Da Vorstrafen vorliegen, und zwar nicht nur die beiden schon erwähnten, sondern, wie sich aus dem Strafregister ergibt, bei beiden Angeklagten noch drei weitere Verurteilungen, können beide Angeklagte tatsächlich um Freiheitsstrafe nicht herumkommen. Für Beriz Suric sind die sechs Monate, für Marja Suric die vier Monate angemessen. Das mag manchem, besonders der Staatsanwaltschaft, eine milde, eine zu milde Strafe scheinen, und in der Tat, die Beträge, die als Schaden angegeben werden, sind ja keine Kleinigkeiten. Jedoch muß man anders rechnen. Von den insgesamt gut 27 000 DM ist ja nur der weitaus kleinere Teil in die Hände des Angeklagten gelangt. Der weitaus größere Teil ist an den „Betreiber" gegangen, also an Leute, bei denen das Bezirksamt die Angeklagten untergebracht hat, und da ist es so, daß einem bei den Preisen, die da verlangt und gezahlt werden, die Haare zu Berge stehen können.

Die Vollstreckung beider Strafen wird gegen den Willen der Staatsanwaltschaft zur Bewährung ausgesetzt. Bei Marja Suric ist das gar kein Problem, da, wie bereits gesagt, die Straftat vor dem anderen Freiheitsstrafenurteil begangen worden ist und in jenem Verfahren Strafaussetzung bewilligt worden ist.

Bei Beriz Suric sieht es anders aus. Immerhin gibt es die sehr erhebliche Verurteilung des Landgerichts. Aber es muß zum einen auf die Eingangsbemerkungen verwiesen werden und zum anderen nachdrücklich darauf, daß es bei der Bewährung vor allem auf den Blick in die Zukunft ankommt. Dieser Blick läßt

– 179 –

hoffen. Beriz Suric hat das Geständnis abgelegt, das hätte er nicht zu machen brauchen, denn die Beweislage ist ohne dieses Geständnis nicht so ganz unkompliziert. Ein Geständnis läßt unter diesen Umständen immer für die Zukunft hoffen. Außerdem: Der Angeklagte hat nun doch etwas im Gefängnis gesessen, da war es doch wohl die richtige Entscheidung, ihn nach seinem Geständnis freizulassen. Es liegt aber auch gar kein Grund vor, diese Entscheidung jetzt zu revidieren.

Die Kostenentscheidung beruht auf § 465 StPO.

Amtsgericht Tiergarten

Im Namen des Volkes

Der Angeklagte ist der Beleidigung schuldig; er wird deshalb verwarnt.
Es bleibt vorbehalten, den Angeklagten zu einer Geldstrafe von zwanzig Tagessätzen zu je 50 DM zu verurteilen und anzuordnen, daß die Verurteilung wegen der Beleidigung öffentlich bekanntgemacht wird.
Der Angeklagte hat die Kosten des Verfahrens zu tragen und der Nebenklägerin etwaige notwendige Auslagen zu erstatten.
§ 185 StGB

Gründe

Der Angeklagte, 68 Jahre alt, wohnt mit seiner Frau Helga seit 40 Jahren in der sogenannten Hufeisensiedlung in Britz, seit 20 Jahren ist die Lehrerin Christiane Kalz-Schultz mit ihrem Mann Anton Kalz seine Nachbarin. Die Grundstücke sind klein, nur 5,6 m breit und stehen dicht an dicht. Die Enge kann bedrückend sein, besonders dann, wenn man wie der Angeklagte und wie Christiane Kalz-Schultz beschaffen ist. Einerseits nämlich sind die beiden sehr verschieden, der Angeklagte ist früherer Truppenführer, bei ihm hat militärische Ordnung in Haus und Garten zu herrschen, Christiane Kalz-Schultz baut Kräuter an und schätzt – sie tut das allerdings sehr demonstrativ – auch im Unkraut die Pflanze. Andererseits sind die beiden sich aber auch sehr ähnlich, beide finden an Meinungen und Standpunkten, die nicht die ihren sind, herzlich wenig, wenn nicht gar keinen Gefallen, sind also eigentlich so rechte Rechthaber. Auf diesem Grund blüht seit langem allerhand Streit, es gibt Zivilverfahren, Verwaltungsverfahren und gar nicht so selten Strafverfahren. 1986 gedieh eines der Strafverfahren bis zur Hauptverhandlung, der Streit konnte dort in letzter Minute beigelegt werden. Ein neues Strafverfahren hat aber wohl schon begonnen, am 6. Juli 1990 soll Christiane Kalz-Schultz dem Angeklagten das „Veilchen" geschlagen haben, mit dem der Angeklagte am zweiten Verhandlungstag des vorliegenden Verfahrens aufwartete. Streit gab es auch am 2. November 1989, und dieser Streit führte zu dem vorliegenden Verfahren.

Am Vormittag jenes 2. November pflanzte der Gärtner Friedrich Falter auf dem Grundstück des Angeklagten mehrere Hecken-Bäume. Er ersetzte abgestorbene Pflanzen. Da, wo er pflanzte, standen schon viele Jahre lang ebensolche Hecken-Bäume. Christiane Kalz-Schultz und Anton Kalz entging der Vorgang auf dem Nachbargrundstück selbstredend nicht. Anton Kalz steckte einen Zollstock durch den Zaun nach drüben und stellte fest, daß die neuen Bäume – wie allerdings auch schon die alten – zu dicht an der Grundstücksgrenze stehen. Es kam, wie es kommen mußte: Ein lautstarker Streit entzündete sich, Polizei erschien, und auf dem Höhepunkt des Streits kam es dann zu der Straftat, der Beleidigung, strafbar nach § 185 StGB, der Angeklagte sagte nämlich laut und vernehmlich: „Asoziales Pack, dieser Oberstudienrat wird auf junge Leute losgelassen."

Dieser Sachverhalt hat sich in drei Verhandlungstagen aus der Vernehmung des Angeklagten, der Christiane Kalz-Schultz, des Anton Kalz, der Ehefrau Helga, der beiden Polizeibeamten Michael Andreas und Ernst Roland und der beiden Nachbarinnen Rita Weißbrot und Annemarie Gustav ergeben.

Versöhnung gibt es nicht mehr, und so mußte ein Urteil ergehen. Da von beiden Grundstücken ganz offensichtlich zu dem Streit beigetragen wird, wird der Angeklagte nur verwarnt und zu der an sich angemessenen Geldstrafe von 20 Tagessätzen zu je 50 DM lediglich dann verurteilt werden, wenn er sich erneut einer

Straftat schuldig macht. Dann allerdings darf die Verurteilung auch veröffentlicht werden (§ 200 StGB).

Die Kostenentscheidung beruht auf § 465 und § 471 Abs. 1 StPO.

Amtsgericht Tiergarten

Im Namen des Volkes

Der Angeklagte wird wegen zugleich begangener Nötigung, Bedrohung und Körperverletzung und wegen Unterschlagung zu einer
Gesamtgeldstrafe von neunzig Tagessätzen zu je vierzig DM verurteilt.
Er hat auch die Kosten des Verfahrens zu tragen.
§§ 223, 240, 241, 246, 52, 53 StGB

Gründe

Der 29 Jahre alte Angeklagte lud am Abend des 3. Juni 1993 die 1971 geborene Danielle Krummholz in sein Auto und fuhr mit ihr auf einen Schrottplatz an der Heidestraße. Dort sollte Krummholz seinen Penis in ihren Mund nehmen und für 50 DM daran saugen, wissenschaftlich Fellatio, vulgär Französisch genannt. Bei diesem Geschäft kam es zu einer Meinungsverschiedenheit zwischen den Vertragspartnern. Der Angeklagte verlangte mehr als vereinbart. Krummholz sollte ihm auch den Hintern lecken. Krummholz wollte das nicht. Da der Angeklagte aber in wilde Stimmung geraten war, enthemmt wirkte und einen furchterregenden Gesichtsausdruck erhalten hatte, zudem die Worte sprach: „Jetzt geht es hart auf hart, du Schlampe" und „ich schneide dir die Titten ab", mußte Krummholz mehr übel als wohl dem Begehren des Angeklagten nachkommen. Bevor der Angeklagte noch rabiater wurde, gelang es Krummholz indessen alsbald aus dem Auto zu kommen, allerdings nicht, ohne daß der Angeklagte ihr beim Festhalten noch Kratzer an Hals und Armen zufügte. Splitternackt flüchtete Krummholz über den Schrottplatz in den Schutz des Lorenz Schütze, der vor dem Schrottplatz verabredungsgemäß auf sie wartete. Im Auto ließ Krummholz neben ihrer Bekleidung auch noch ihre sogenannte Hüfttasche mit rund 300 DM zurück. Die wesentlichen Teile ihrer Bekleidung fand Krummholz auf dem Schrottplatz wieder, der Angeklagte hatte sie aus dem Auto geworfen. Das Geld blieb verschwunden, der Angeklagte hatte es sich offensichtlich zugeeignet.

Dieser Sachverhalt hat sich aus den glaubhaften Angaben Krummholz' ergeben. Der Angeklagte hat alles bestritten. Obwohl er sich in seiner polizeilichen Vernehmung haarklein zu den Vorfällen geäußert hatte, was er in der Hauptverhandlung auch zugegeben hat, hat er jetzt gesagt, er habe mit dem ganzen Fall nichts zu tun, es müsse sich um eine Personenverwechslung handeln. Dem ist Krummholz allerdings mit der glaubhaften Behauptung entgegengetreten, sie erkenne den Angeklagten ganz genau wieder. Schütze hat als Zeuge gesagt, er habe den Angeklagten nur ganz kurz gesehen, als der in dem Auto den Schrottplatz verließ. Er könne ihn daher nicht wiedererkennen. Er habe sich aber das polizeiliche Kennzeichen des Autos notiert. Eben dieses Auto, ein Mietauto, hatte der Angeklagte an jenem Tag in Besitz, das hat der Angeklagte in der Hauptverhandlung zugegeben und das ergibt sich auch aus dem Automietvertrag, der sich bei den Akten befindet.

Der Sachverhalt ist rechtlich zum einen zugleich – § 52 StGB – Nötigung (§ 240 StGB) – Krummholz wurde zu einer Handlung gezwungen (Hinternlecken), die sie nicht wollte –, Bedrohung (§ 241 StGB) – „ich schneide dir die Titten ab" – und Körperverletzung (§ 223 StGB). Und der Sachverhalt ist zum anderen auch Unterschlagung (§ 246 StGB).

Der Staatsanwalt hat in dem ersten Teil des Sachverhalts auch noch eine Beleidigung (§ 185 StGB) – „du Schlampe" – gesehen. Dieser Ausdruck ist aber im Verkehr zwischen „Freier" und Prostituierter von letzterer hinzunehmen, ist während sexueller

Verrichtungen sozusagen situationserlaubt, ist zu harmlos, um eine besondere Demütigung der Prostituierten auszudrücken.

Der Staatsanwalt hat im ersten Teil des Sachverhalts auch statt einer Nötigung nach § 240 StGB eine sexuelle Nötigung nach § 178 StGB gesehen und ist deshalb auch dazu gekommen, erhebliche Freiheitsstrafe, nämlich ein Jahr und zwei Monate dafür zu fordern. Eine sexuelle Nötigung liegt aber nicht vor. Durch die Tat des Angeklagten ist lediglich die Handlungsfreiheit Krummholz' betroffen, nicht auch deren Geschlechtsehre, wenn man so sagen will, die hatte sich Krummholz schon für die 50 DM fürs ursprünglich Vereinbarte abkaufen lassen, und es ist doch für eine Prostituierte einerlei, ob sie nun mehr vorn oder mehr hinten tätig wird.

Das Nichtanwenden des § 178 StGB führt zu einer Strafe für den Angeklagten, die ganz erheblich anders aussieht, als die, die der Staatsanwalt gefordert hat. Dem ersten Vorfall sind 80 Tagessätze, der Unterschlagung 20 Tagessätze angemessen. Daraus ergibt sich die Gesamtgeldstrafe von 90 Tagessätzen zu je 40 DM. Der Angeklagte, der bislang hat noch nicht bestraft werden müssen, kann aus dieser Schrottplatzgeschichte keineswegs mit mehr als der Geldstrafe von 3 600 DM hervorgehen, die Kirche muß im Dorf bleiben.

Die Kostenentscheidung beruht auf § 465 StPO.

Warastädt

Amtsgericht Tiergarten

Im Namen des Volkes

Der Angeklagte wird wegen versuchten Diebstahls unter Einbeziehung der Strafen aus dem Urteil des Amtsgerichts Tiergarten vom 4. Februar 1998 zu einer
Gesamtfreiheitsstrafe von drei Monaten zwei Wochen verurteilt.
Die Vollstreckung der Strafe wird zur Bewährung ausgesetzt.
Der Angeklagte hat die Kosten des Verfahrens zu tragen.
§§ 242, 243 Abs. 1 Nr. 1, §§ 22, 55 StGB

Gründe

Der 28jährige Angeklagte ist Russe, war hier in Deutschland als Soldat stationiert. Als die Russen abzogen, blieb er hier, er sagt, er habe nicht nach Tschetschenien wollen. Nun muß er wohl oder übel hierbleiben, indessen ist, wie leider üblich, seine rechtliche Situation völlig ungeklärt, was dazu führt, daß er so allmählich abgleitet. 1997 ist er wegen Ladendiebstählen aufgefallen. Nach jedem Diebstahl wurde er wieder entlassen, so stand einer Ausweitung nichts im Wege. Am 21. Januar 1998 wurde er dabei ertappt, wie er mit einem Brecheisen einen Zeitungsladen in der Torstraße in Berlin-Mitte aufmachen wollte, ganz offensichtlich, um aus dem Laden zu stehlen.

All dies hat sich aus den Angaben des Angeklagten selbst ergeben.

Der Angeklagte erhält für die Tat vom 21. Januar 1998, die nach

§ 242 in Verbindung mit § 243 Abs. 1 Nr. 1 und § 22 StGB strafbar ist, eine Freiheitsstrafe von drei Monaten. Zu dieser Strafe treten noch die drei Geldstrafen von 20 und zweimal 10 Tagessätzen, bisher zu einer Gesamtgeldstrafe von 30 Tagessätzen zu je 10 DM zusammengefaßt, die der Angeklagte wegen der Ladendiebstähle von 1997 erhalten hat, was zu der alle vier Strafen zusammenfassenden Gesamtfreiheitsstrafe von drei Monaten zwei Wochen führt.

Der Angeklagte wird zur Bewährung entlassen, seine Bewährungshelferin kennt er schon, sie hat ihn bereits im Gefängnis besucht.

Die Kostenentscheidung beruht auf § 465 StPO.

Amtsgericht Tiergarten

Im Namen des Volkes

Der Angeklagte wird wegen sechzehnmaligen Betruges zu einer Gesamtfreiheitsstrafe von einem Jahr
verurteilt. Die Vollstreckung der Strafe wird zur Bewährung ausgesetzt.
Der Angeklagte hat die Kosten des Verfahrens zu tragen.
§§ 263, 267, 52, 53 StGB

Gründe

Der Angeklagte hat die sechzehn Betrugshandlungen (jeweils also Verstöße gegen § 263 StGB) in der Hauptverhandlung unumwunden zugegeben. Es handelt sich bei ihnen immer darum, daß der Angeklagte sich von Versandhäusern Sachen ohne Bezahlung liefern ließ, wobei er sich zur Tarnung falscher Namen bediente. Die Straftaten beging der Angeklagte zwischen dem 8. Februar 2000 und dem 4. August 2001. Sie seien hier nur kurz skizziert, wer mehr wissen will, muß in der Anklageschrift der Staatsanwaltschaft nachlesen. Also in Kürze: 3 Lieferungen von „Mode & Preis" aufgrund von Bestellungen vom 8. Februar 2000 („Harald Schmidt" 657,40 DM), Juli 2000 („Marlies Schmidt" 496,65 DM) und November 2000 („Tobias Schmidt" 540,75 DM); 2 Lieferungen von „Bader" aufgrund von Bestellungen vom März 2000 („Anja Schmidt" 699,55 DM) und vom September 2000 („Sabine Schmidt" 829,60 DM); 7 Lieferungen von „Weltbild" aufgrund von Bestellungen vom 18. September 2000 („Thomas Schmidt" 332,25 DM), 30. November 2000 („Elvira Schmidt" 251,45 DM), 28. Februar 2001 („Ruth Schmidt" 223,50 DM), 14. Mai 2001

(„Thomas Schmidt" 364 DM) und 4. August 2001 („Tanja Schmidt" 369,30 DM); 2 Lieferungen von „Neckermann" aufgrund von Bestellungen vom 1. Oktober 2000 („Sabine Schmidt" 338,70 DM) und 3. Oktober 2000 („Sabine Schmidt" 631,24 DM); eine Lieferung von „Elegance" aufgrund einer Bestellung von Ende 2000 („Tanja Riva c/o Schmidt" 744,95 DM) und eine Lieferung von „Baur" aufgrund einer Bestellung vom 31. Juli 2001 („Thomas Schmidt" 454,53 DM).

Der 37jährige Angeklagte ist ein Häufchen Elend. Er fühlt sich in seiner Männerhaut nicht wohl, wäre lieber eine Frau, daher sind unter den vielen Sachen, die er bekommen hat, sehr viele Frauensachen. So etwas bringt natürlich Probleme mit sich, zumal der Angeklagte seit langem keine feste Arbeit hat, in unsicheren persönlichen Verhältnissen lebt und außerdem noch HIV-positiv ist.

Unter diesem Blickwinkel ist die Freiheitsstrafe von einem Jahr schon eine ziemlich harte Strafe, sie setzt sich übrigens aus Einzelstrafen von jeweils zwei Monaten zusammen. Dabei ist berücksichtigt, daß der Angeklagte schon einmal wegen solcher Sachen verurteilt worden ist. In dem anderen Verfahren erhielt er durch das Urteil vom 1. März 1999 wegen Betruges in vier Fällen, jeweils zugleich begangen mit Urkundenfälschung, eine Freiheitsstrafe von drei Monaten mit Strafaussetzung zur Bewährung. Jenen Akten läßt sich entnehmen, daß der Angeklagte in zwanzig Minuten Hauptverhandlung sozusagen bedient wurde. Man kann auch in zwanzig Minuten sachgerecht entscheiden, aber daß der Angeklagte nicht einmal einen Bewährungshelfer erhalten hat, obwohl der damalige Gerichtshelferbericht danach geradezu schrie, läßt die zwanzig Minuten in einem ungünstigen Licht erscheinen. Der Angeklagte braucht selbstverständlich einen Bewährungshelfer, der Mangel von damals wird nun dadurch ausgeglichen, daß der Angeklagte wieder Strafaussetzung zur Bewährung erhält, jetzt sozusagen richtig, nämlich mit Bewährungshelfer.

Die Kostenentscheidung beruht auf § 465 StPO.

Warastädt

Amtsgericht Tiergarten

Im Namen des Volkes

Der Angeklagte wird wegen versuchter Vergewaltigung und wegen zweier Körperverletzungen zu einer Gesamtfreiheitsstrafe von einem Jahr
verurteilt.
Er hat auch die Kosten des Verfahrens zu tragen.
§§ 177, 223, 21, 22, 53 StGB

Gründe

Der 32 Jahre alte Angeklagte ist Alkoholiker. Am 10. September 1997 gab er sich wieder einmal ausführlich dem Alkohol hin. Er traf in diesem Zustand (§ 21 StGB) auf die Rosemarie Bohl geborene Scholz, geboren 1953, die ebenfalls Alkoholikerin ist. Man saß Stunden um Stunden auf einer Straßenbank am Bahnhof Schönhauser Allee und trank und trank gemeinsam. Als Rosemarie Bohl nicht mehr trinken konnte und nach Hause wollte, aber nicht mehr allein gehen konnte, schleppte der Angeklagte sie nach Hause. Dort angekommen, konnte Rosemarie Bohl nicht in ihre Wohnung hinein, weil von drinnen der Schlüssel steckte, wohl hineingesteckt von dem Klaus Ramsch, geboren 1932, dem sogenannten Lebensgefährten der Rosemarie Bohl. Klopfen und Rufen halfen nichts, man kann vermuten, daß Ramsch, ganz sicherlich auch ein Alkoholiker, vermöge Trunkenheit nichts hörte. Das gefiel dem Angeklagten nicht. Denn er hatte sich in der Wohnung der Rosemarie Bohl einen Geschlechtsverkehr mit ihr versprochen, von seiner Sicht her nicht aussichtslos, denn Rosemarie Bohl soll auf jener Straßenbank schon sehr zutraulich an seiner nackten Brust geruht haben. So entschloß er sich, um nicht leer auszugehen, sich jetzt vor der Wohnungstür das zu nehmen, was er wollte. Er riß der Rosemarie Bohl die Kleider ab, begrapschte sie, auch an Brust und Geschlechtsteil, und es hätte nicht viel gefehlt und der Angeklagte wäre noch weitergegangen. Da aber erschien die Polizei. Dazu war es gekommen, da ein Mann, der mit dem Angeklagten und der Rosemarie Bohl mitgekommen war, von dem man aber fast nichts weiß, nicht einmal den Namen, bei der Szene vor der Wohnungstür nicht mitmachen, im Gegenteil, sie beenden wollte. Er lief auf den Hof hinaus, sah dort die Regierungsobersekretärin Hilde Thomsen aus dem Fenster schauen und bat sie, die Polizei zu benachrichtigen, was Frau Thomsen dann auch tat. In wenigen Minuten erschien die Polizeimeisterin Michaela Auermann. Sie sah die ramponierte Rosemarie Bohl und direkt neben ihr den Angeklagten, wie er sich gerade die Hose zumachte.

Dieser Sachverhalt, eine versuchte Vergewaltigung, strafbar nach §§ 177, 22 StGB, hat sich in der Hauptverhandlung aus den glaubhaften Angaben der Rosemarie Bohl, der Hilde Thomsen und der Michaela Auermann ergeben. Der Angeklagte hat den Sachverhalt eigentlich auch zugegeben.

Der Angeklagte erhält zehn Monate Freiheitsstrafe. Da kann man lange reden, ob das zuviel oder zuwenig ist. Wem das zuwenig ist, der sollte das Trinkermilieu bedenken. Der Angeklagte hat nicht irgendeine Frau aus dem Stand heraus überfallen, sondern es ist eben so, daß Angeklagter und Opfer sich im Alkohol zusammengetan hatten, und eine solche Verbindung ist sozusagen immer gefahrengeneigt. In einem „Vorgängerverfahren" hat der Angeklagte wegen eines ganz gleichgelagerten Falles sechs Monate erhalten, mag er jetzt wegen Wiederholung zehn Monate bekommen.

Zu der versuchten Vergewaltigung treten noch zwei Körperverletzungen, jeweils strafbar nach § 223, im ersten Fall wegen Alkohols in Verbindung mit § 21 StGB. Der erste Fall hat mit der versuchten Vergewaltigung zu tun. Als der Angeklagte und Rosemarie Bohl sich noch einig waren, Schnaps tranken und sich näherkamen, trat der Klaus Ramsch, der schon erwähnte „Lebensgefährte" der Rosemarie Bohl, dazwischen. Das mochte der Angeklagte gar nicht, er haute Ramsch, wie er in der Hauptverhandlung zugegeben hat, ins Gesicht. Der zweite Fall spielt am 6. Januar 1998 im Gefängnis Moabit. Ein gewisser Sigurd Schmidt, der mit dem Angeklagten die Zelle teilte, hatte den Angeklagten beschuldigt, ihm Kaffee gestohlen zu haben. Das ärgerte den Angeklagten, der sagt, er sei zu Unrecht beschuldigt worden, so, daß er Schmidt ins Gesicht schlug. Der Angeklagte hat das alles in der Hauptverhandlung so zugegeben.

Der Angeklagte erhält für jede Körperverletzung zwei Monate Freiheitsstrafe, so kommt es zu der alle drei Straftaten umfassenden Gesamtfreiheitsstrafe von einem Jahr. Daß der Angeklagte keine Strafaussetzung zur Bewährung erhält, muß wohl nicht besonders betont werden. Er erhält sogar nicht nur keine Bewährung, sondern die Strafaussetzung zur Bewährung aus dem erwähnten „Vorgängerverfahren" wird höchstwahrscheinlich sogar widerrufen werden.

Die Kostenentscheidung beruht auf § 465 StPO.

Warstädt

Amtsgericht Tiergarten

Im Namen des Volkes

Der Angeklagte wird wegen Urkundenfälschung in drei Fällen, wegen Beihilfe zur Fälschung technischer Aufzeichnungen in zwei Fällen und wegen unerlaubter Einreise zu einer Gesamtfreiheitsstrafe von einem Jahr zwei Monaten verurteilt.
Er hat auch die Kosten des Verfahrens zu tragen.
§§ 267, 268, 27, 53 StGB, § 92 Abs. 1 Nr. 6 AuslG

Gründe

Jedes Land ist heute mehr oder weniger ein Einwanderungsland, besonders jedes große Industrieland, also auch Deutschland, da kann gesagt werden, was will. Nur: Deutschland hat keine Regeln für die Einwanderung, es hat lediglich, so kann man sagen, mit dem Ausländergesetz einige Regeln für das Abweisen von Einwanderern. In der Welt weiß man das, und man weiß auch, daß man nach Deutschland nur hineinkommt, indem man das entweder „schwarz" macht oder sich als Tourist ausgibt oder „Asyl" sagt. Käme jemand und sagte, er möchte einwandern, man möge ihm die Chance geben, hier sein Glück zu versuchen, nun, das gibt es bis heute hier einfach nicht. Und doch kommen, wie gesagt und wie überall, Einwanderer, und so kam auch der Angeklagte, damals 26 Jahre alt, wahrscheinlich 1997 und „schwarz". Genaueres weiß man darüber nicht. Aber der Angeklagte lernte hier offensichtlich, daß man sich durch „Asyl"-Sagen in gewissem Sinne legitimieren könne, und der Angeklagte tat das am 22. Juli 1999. Er wußte jedoch, daß man als Ägypter, der er ist, wenig Chancen habe, und so legte er sich einen gefälschten Ausweis zu, wonach er der am 1. Januar 1973 geborene Hassan Aras und palästinensischer Flüchtling war, und legte diesen Ausweis der Ausländerbehörde in Berlin vor. Dies ist die erste Straftat des Angeklagten, nämlich eine Urkundenfälschung nach § 267 StGB, für die der Angeklagte hier verurteilt wird. Er hat die Straftat in der Hauptverhandlung glaubhaft zugegeben.

Die zweite Straftat, die zweite Urkundenfälschung, also ebenfalls Verstoß gegen § 267 StGB, hat der Angeklagte auch zugegeben. Sie schließt sich an die erste Straftat an. In Deutschland verlangt jede Behörde Unterlagen, das ist sozusagen ihr Zauberwort. Der Angeklagte sollte seinen falschen Ausweis durch eine Geburtsurkunde gewissermaßen ergänzen. Er machte das und legte der Ausländerbehörde am 3. Oktober 2000 eine Urkunde vor, aus der sich ergab, daß dieser Hassan Aras im Libanon geboren worden war. Durch diese Unterlage kehrte in den Aufenthaltsvorgang zunächst erst mal wieder Ruhe ein.

Nun ist es aber so, daß so ein „Flüchtling" hier untergebracht und durch Sozialhilfe quasi zwangsernährt wird, und zwar solange, bis das Amt an Unterlagen gesättigt ist. Irgendwann, häufig erst nach Jahren, tritt dieser Zustand auch ein, und es wird eine Entscheidung getroffen, die sich allerdings auch noch lange durch Gerichtsinstanzen schleppen kann. Arbeiten dürfen die „Flüchtlinge" in dieser Zeit nicht, sie haben, wie gesagt, Pfleglinge des Sozialamts zu sein. Der Angeklagte wollte nun jedoch eigentlich etwas anderes, er wollte hier arbeiten. Um das zu erreichen, verschaffte er sich, helle, wie die meisten Leute, die sich auf diese Weise einen Platz im Leben erobern wollen, nun einmal sein müssen, den Paß eines Landes der Europäischen Union, und mit diesem Paß besorgte er sich einen Arbeitsplatz. Jedenfalls wies sich der Angeklagte am 16. März 2002 bei einer Kontrolle des Restaurants „Napoli" in Berlin-Karlshorst, in dem er Arbeit gefunden hatte, mit einem belgischen Personalausweis aus, wonach er Moktar Slimani, geboren am 21. August 1974 in Brüssel, war. Der Angeklagte hat auch diese Straftat in der Hauptverhandlung zugegeben.

Das ist des Angeklagten dritte Urkundenfälschung (§ 267 StGB), deretwegen er hier verurteilt wird.

Nach der gewaltsamen Beendigung des Gastspiels des Angeklagten im „Napoli" – er wurde festgenommen und kam, wenn auch nur für fünf Tage, in Abschiebehaft – taucht der Angeklagte zweimal in weniger idyllischer Umgebung auf. Eine Rückkehr ins „Napoli" war ja auch unmöglich geworden. In der Hauptverhandlung hat sich aus den Angaben des Angeklagten ergeben, daß er sowohl am 15. Mai als auch am 15. Juli 2002 in der Umgebung des Bahnhofs Zoologischer Garten, also eines im polizeilichen Sinne gefährlichen Ortes, gestellt wurde. Er hatte jeweils eine größere Menge von Telefonkarten bei sich. Aus den Angaben des sachverständigen Zeugen Andreas Knappe, eines in den Diensten der Telekom Aktiengesellschaft stehenden Fernmeldeamtsrats, also sozusagen eines in privaten Diensten stehenden Beamten, was ja, nebenbei bemerkt, eigentlich eine juristische Horrorvorstellung ist, hat sich zu diesen Karten ergeben, daß von den 84 Telefonkarten vom 15. Mai 44 und von den 73 Karten vom 15. Juli 54 wieder aufgeladen, also in nach § 268 StGB strafbarer Weise behandelt worden waren. Die Anklageschrift und der diese in der Hauptverhandlung vertretende Staatsanwalt hat dazu gesagt, die Tatsache, daß der Angeklagte diese Karten bei sich gehabt habe, lasse zwar nicht erkennen, ob sich der Angeklagte der Hehlerei (§ 259 StGB) oder des Fälschens technischer Aufzeichnungen (§ 268 StGB) schuldig gemacht habe. Aber eine von diesen beiden Möglichkeiten liege vor, und so möge der Angeklagte sozusagen wahlweise nach beiden Vorschriften verurteilt werden. Das ist jedoch aus zweierlei Gründen nicht zu machen. Zum einen bestehen Bedenken, Hehlerei überhaupt anzunehmen. Hehlerei ist ja ein Eigentumsdelikt klassischer Art. Das paßt hier nicht. Zum anderen ist es zwar richtig, daß mit dem Aufladen der Telefonkarten der Tatbestand des § 268 StGB verwirklicht ist, aber es ist auch so, daß die Aussage des Angeklagten nur eine Verurteilung wegen Hilfe zur Tat anderer, hier also Beihilfe (§ 27 StGB) zu § 268 StGB trägt. Der Angeklagte hat gesagt, in dem ersten Fall habe er die Karten nur zum Prüfen gehabt und in dem zweiten Fall nur zum kurzfristigen Aufbewahren. Das ist ihm natürlich nicht zu glauben, aber mehr, als ihm Botengänge oder dergleichen für die eigentlichen Manipulierer zur Last zu legen, geht nicht an. Also Beihilfe in zwei Fällen, allerdings, das ist dem Staatsanwalt zuzugeben, gewerbsmäßiges Handeln.

Die sechste Straftat, deretwegen der Angeklagte hier verurteilt wird, ist ein Verstoß gegen § 92 Abs. 1 Nr. 6 Ausländergesetz. Diese Straftat, die der Angeklagte in der Hauptverhandlung glaubhaft zugegeben hat, besteht darin, daß er, nachdem ihm bei seiner Festnahme am 15. Mai 2002 in seinen Paß gestempelt worden war, er habe bis zum 22. Juli 2002 auszureisen und er das auch pflichtgemäß getan hatte, am 7. August 2002 wieder einreiste, also gegen § 58 Abs. 1 Nr. 1 Ausländergesetz verstieß.

Nun zu den Strafen! Der Staatsanwalt hat mächtig auf die Pauke gehauen, gegen den Angeklagten müßten drastische Strafen verhängt werden, weil durch solche Regelverstöße wie hier vom Angeklagten begangen der Staat unterhöhlt und die Mehrheit der Bevölkerung gegen Ausländer aufgebracht werde. Diese Ausführungen können nicht überzeugen, da gibt es mit Spendenaffären und Bankgesellschaft doch ganz andere Unterhöhlungen, und, so leid es einem auch tut, die Mehrheit der Bevölkerung ist sowieso gegen Ausländer, legal oder illegal, egal. Und dann: Nicht drastische Strafen machen gute Straftatenverfolgung aus, sondern rechtzeitiges Einschreiten, das, ist es mit angemessenen Sanktionen verbunden, weitere Straftaten verhindern kann. Beim Angeklagten ist das mindestens dreimal versäumt worden, und es kam prompt immer wieder zu neuer Straftat. Nach jeder Festnahme – „Napoli" und zweimal Bahnhof Zoo – ist nichts geschehen als Vorgangserzeugung. Also bitte nicht markige Rede und Keulenschlag – Forderung des Staatsanwalts: zwei Jahre vier Monate –, sondern angemessene Strafe, die ja mit einem Jahr zwei Monaten auch keine Kleinigkeit ist. Diese Gesamtstrafe setzt sich zusammen aus je drei Monaten für die drei Urkundenfälschungen und die Tat vom 15. Mai 2002 und aus je sechs Monaten für die beiden letzten Straftaten.

Das ist, wie gesagt, immer noch ein hartes Urteil, zumal es keine Strafaussetzung zur Bewährung gibt und der Angeklagte auch in Haft bleibt, denn man könnte den Angeklagten gegenwärtig ja nur in die Illegalität entlassen.

Die Kostenentscheidung beruht auf § 465 StPO.

Amtsgericht Tiergarten

Im Namen des Volkes

Der Angeklagte wird wegen Beleidigung und wegen falscher Anschuldigung und unter Einbeziehung der Strafen aus dem Strafbefehl des Amtsgerichts Tiergarten vom 20. Mai 1997 zu einer
Gesamtgeldstrafe von vierzig Tagessätzen zu je fünfundzwanzig DM
verurteilt.
Er hat auch die Kosten des Verfahrens zu tragen.
§§ 164, 185, 53, 55 StGB

Gründe

Niemand wird bestreiten, daß der alltägliche Umgangston zwischen den Menschen auf Straßen, in Läden, in Autobussen häufig unerträglich ruppig ist. Der Angeklagte fühlt sich als Opfer solchen ruppigen Verhaltens und ist wohl der Ansicht, daß es ihm nicht zu verdenken sei, wenn er sich dagegen mal zur Wehr setze. In der Hauptverhandlung ist allerdings der Eindruck entstanden, daß der Angeklagte aktiver Mitverursacher unangenehmer Situationen ist.

In der Hauptverhandlung ging es um einen Vorfall vom 26. April 1997 bei „Aldi" in der Kantstraße Ecke Kaiser-Friedrich-Straße in Berlin-Charlottenburg. Der Angeklagte hatte dort eingekauft und stand mit vielen anderen Leuten in einer Kassenschlange. Da kam es zu einer Auseinandersetzung zwischen ihm und einer unbekannt gebliebenen Kundin. Genaueres hat sich dazu nicht ergeben. Weiter vorn in der Schlange stand die gut 30 Jahre alte Kriminalkommissarin Juliane Hahmann aus Oberhausen, zur Zeit aber in Berlin arbeitend. Die hörte die Auseinandersetzung, drehte sich um und griff ein. Sie hat in der Hauptverhandlung gesagt, sie habe schlichtend eingegriffen. Der Angeklagte hat allerdings gesagt, Hahmann habe sich im Befehlston geäußert. Wie dem auch sei: der Angeklagte ärgerte sich über Hahmann und ging zum Angriff über. Er nannte Hahmann „alte PDS-Fotze" und „alte PDS-Schlampe". Nicht genug damit: Als die von Hahmann alarmierte Schutzpolizei kam, erstattete der Angeklagte gegen Hahmann Anzeige wegen Körperverletzung, wobei er sich den Sachverhalt – Hahmann habe ihn schmerzhaft am Arm gepackt, so daß er sich in ärztliche Behandlung begeben müsse – aus den Fingern saugte.

Dieser Sachverhalt hat sich in der Hauptverhandlung aus den Angaben des Angeklagten und Hahmanns ergeben. In ihm liegen zwei Straftaten, deretwegen der Angeklagte hier auch verurteilt wird, nämlich Beleidigung (§ 185 StGB) und falsche Anschuldigung (§ 164 StGB).

Der Angeklagte soll mit Geldstrafen von je 20 Tagessätzen zu je 25 DM davonkommen. Immerhin könnte es ja so sein, daß er als schon etwas älterer Mensch – er ist 55 Jahre alt – und dazu noch Ausländer auch schon so einiges Unangenehmes erlebt hat, so daß er, besonders auf deutsche Befehlstöne, besonders empfindlich reagiert. Zu diesen Strafen treten noch die zwei Strafen, die der Angeklagte durch den mittlerweile rechtskräftigen Strafbefehl des Amtsgerichts Tiergarten vom 20. Mai 1997 – übrigens auch wegen Beleidigung – erhalten hat, nämlich ebenfalls je 20 Tagessätze, bisher zusammengefaßt zu einer Gesamtgeldstrafe von 30 Tagessätzen zu je 30 DM. Aus allen vier Strafen ergibt sich die Gesamtgeldstrafe von 40 Tagessätzen zu je 25 DM.

Die Kostenentscheidung beruht auf § 465 StPO.

Amtsgericht Tiergarten

Im Namen des Volkes

Der Angeklagte wird wegen zugleich mit Beleidigung begangener Körperverletzung, wegen Widerstands gegen Vollstreckungsbeamte, zugleich begangen mit Beleidigung und versuchter Körperverletzung, wegen Beleidigung und unter Einbeziehung der Strafe aus dem Strafbefehl des Amtsgerichts Tiergarten vom 6. September 2001 zu einer
Gesamtfreiheitsstrafe von sieben Monaten
verurteilt. Die Vollstreckung dieser Strafe wird zur Bewährung ausgesetzt.
Der Angeklagte wird wegen zweier weiterer Straftaten, nämlich wegen einer Körperverletzung und wegen zugleich mit Bedrohung begangener versuchter Nötigung, zu einer weiteren
Gesamtfreiheitsstrafe von sechs Monaten
verurteilt.
Der Angeklagte hat die Kosten des Verfahrens zu tragen.
§§ 113, 185, 223, 240, 241, 21, 22, 52, 53, 55 StGB

Gründe

Der 25 Jahre alte Angeklagte ist auf abschüssigem Weg, er ist rücksichtslos, und es ist erforderlich, ihn, bevor es zu weiteren, vielleicht schlimmeren Taten kommt, nachdrücklichst auf die Folgen von Straftaten hinzuweisen, was in der Hauptverhandlung dadurch geschehen ist, daß er aus dem Gerichtssaal ins Gefängnis geführt worden ist. Dies der Vorspruch und nun zu den Straftaten:

Am 21. Mai 2001 begegnete der Angeklagte der 1977 geborenen Tanja Friedrich. Auf offener Straße hielt er sie an, schlug ihr mindestens zweimal an den Kopf und nannte sie Hure und Schlampe. Hintergrund dieser Sache scheint zu sein, daß sich Friedrich nach Ansicht des Angeklagten in dessen Familienangelegenheiten eingemischt hatte, wobei es indessen nach zutreffenden Angaben Friedrichs wohl eher so gewesen ist, daß sie in die Angelegenheiten hineingezogen worden ist. Der Angeklagte war übrigens trotz der morgendlichen Stunde – es war etwa 9.30 Uhr – bereits angetrunken, nach der Blutprobe hatte er um 12.12 Uhr 1,06 Promille Alkohol im Blut.

Dieser Sachverhalt – sowohl Körperverletzung als auch Beleidigung (§§ 185, 223, 21, 52 StGB) – hat sich in der Hauptverhandlung aus den glaubhaften Angaben der Tanja Friedrich und aus der Blutprobe ergeben.

Die zweite strafbare Handlung, deretwegen der Angeklagte hier verurteilt wird, nämlich zugleich mit Beleidigung und versuchter Körperverletzung begangener Widerstand gegen Vollstreckungsbeamte (§§ 113, 185, 223, 21, 22, 52 StGB), hat sich in der Hauptverhandlung aus den glaubhaften Angaben des Polizeimeisters Mathias Kiesel ergeben. Er geschah gleich im Anschluß an den Vorfall Friedrich. Der Angeklagte sollte zur Personalienfeststellung durchsucht werden, er riß sich los, schlug gegen die Beamten und belegte vor allem Kiesel noch mit unschönen Bemerkungen (fettes Arschloch, Hurensohn, Sau).

Am 31. Juli 2001 kam es nach den glaubhaften Angaben des Polizeihauptmeisters beim Bundesgrenzschutz Andreas Leicht zu einer allerdings sehr unangenehmen Beleidigungsserie (§ 185 StGB) gegen ihn. Leicht wurde in die Toilettenräume des Bahnhofs Zoologischer Garten gerufen, in denen sich der Angeklagte im Zahlungsstreit mit der Toilettenfrau befand und in dessen Verlauf er die Toilettenfrau übrigens mit üblen Ausdrücken belegte. Als Leicht beruhigend eingriff, wandte sich der Angeklagte gegen ihn und überzog ihn für Minuten und auch noch außerhalb der Toiletten in der Bahnhofshalle mit wiederkehrenden Bemerkungen wie „laß dir erst mal die Haare aus der Nase ziehen, total fieser falscher Fuffziger", wodurch sich Leicht längere Zeit der Lächerlichkeit ausgesetzt sah.

Diese drei Straftaten bilden durch den am 6. September 2001 ergangenen, mittlerweile rechtskräftigen Strafbefehl eine Einheit im Sinne der §§ 53 ff StGB. So kommt es zu der Gesamtfreiheitsstrafe von sieben Monaten, die sich aus je drei Monaten für die Taten vom 21. Mai und vom 31. Juli 2001 und aus der Geldstrafe des Strafbefehls von 30 Tagessätzen zu je 20 DM zusammensetzt. In dem Strafbefehl geht es im übrigen auch um Beleidigung. In der Nacht vom 19. zum 20. März 2001 belegte der Angeklagte im Bahnhof Zoologischer Garten eine Verkäuferin mit den Worten „Nazischlampe" und „fette Sau".

Nach dem Erlaß und der Zustellung des Strafbefehls kam es in der Nacht vom 22. zum 23. September 2001 zu zwei weiteren Straftaten. Die etwa 20jährigen Faruk Senöl und Mike Pliske kamen aus einer Diskothek und verabschiedeten sich gerade voneinander, als der stark unter Alkohol stehende Angeklagte und der noch stärker angetrunkene Mario Schulz ihnen begegneten. Aus keinem Anlaß als nur dem Alkohol – und vielleicht allerdings noch anderen Giften – und einer dadurch ausgelösten Aggressivität sagte der Angeklagte zu Schulz, man wolle „jemand auf die Fresse hauen". Gesagt, getan, der Angeklagte fiel über Pliske her, schubste ihn zunächst, trat ihm dann in die Beine und haute ihm schließlich auch noch ins Gesicht. Als der Angeklagte merkte, daß Senöl sich aufs Fahrrad schwang, um die Polizei zu rufen, zog er ein Messer und rief, er werde die beiden „abstechen", falls sie es wagen sollten, die Polizei zu holen. Bei dem Messer handelt es sich um ein beidseitig geschliffenes Messer mit etwa 6,5 cm langer Klinge.

Dieser Sachverhalt – zum einen Körperverletzung (§§ 223, 21 StGB) und zum anderen zugleich begangene versuchte Nötigung und Bedrohung (§§ 240, 241, 21, 22, 52 StGB) – hat sich in der

Hauptverhandlung aus den glaubhaften Angaben Senöls und Pliskes sowie denen des Polizeikommissars Mark Buckow, der das Messer gefunden und in der Hauptverhandlung beschrieben hat, und aus der Blutprobe ergeben.

Dieser Vorfall ist nun keine Kleinigkeit mehr, schon wegen des Messers nicht. Von hier ist es nur noch ein kleiner Schritt bis zum Einsatz des Messers. Die Strafe ist daher mit den sechs Monaten, zusammengesetzt aus je vier Monaten, etwas strenger als die anderen, vor allem aber gilt: Die Vollstreckung dieser Strafe wird nicht wie die Vollstreckung der sieben Monate zur Bewährung ausgesetzt. Es ist dies ein abgestuftes Vorgehen. Der Angeklagte sitzt die sechs Monate ab, kommt zur Besinnung und zum Nachdenken und kann in der Haft mit dem Bewährungshelfer überlegen, wie er es schaffen könnte, ohne weitere Straftaten zu leben und sich dadurch Straferlaß zu verdienen.

Die Kostenentscheidung beruht auf § 465 StPO.

Warstädt

Amtsgericht Tiergarten

Im Namen des Volkes

Der Angeklagte wird wegen Raubes und zugleich damit begangener Körperverletzung zu einer
Freiheitsstrafe von einem Jahr
verurteilt.
Die Vollstreckung der Strafe wird zur Bewährung ausgesetzt.
Der Angeklagte hat die Kosten des Verfahrens zu tragen.
§§ 249, 223, 52 StGB

Gründe

Der Angeklagte ist ein junger Mann aus der Slowakei, gerade 21 Jahre alt. Er kam nach Berlin, um sein Glück zu suchen. Was er fand, war lediglich ein Platz zum Schlafen in der Hinterkammer einer Imbißstube, den ihm der mitleidige türkische Imbißmann eingeräumt hatte. In dieser trüben Situation wollte der Angeklagte wieder nach Hause, sein bißchen Geld war allerdings alle. Am Morgen des 8. November 1997 war der Angeklagte zum Bahnhof gefahren und hatte dort erfahren, daß eine Heimfahrkarte 100 DM kostet. Am Mittag desselben Tages entriß er der 1960 geborenen Gundula Eismann auf offener Straße die Handtasche. Die Frau stürzte dabei und verletzte sich die Hand. Ein aufmerksamer Mann sah den Überfall, verfolgte den Angeklagten, der fiel dabei in den Landwehr-Kanal, wurde von der Polizei aber wieder rausgefischt und ins Gefängnis gebracht.

Der Angeklagte hat den Sachverhalt, der als Raub (§ 249 StGB) und zugleich als Körperverletzung (§ 223 StGB) strafbar ist, in

der Hauptverhandlung zugegeben. Deshalb und weil der Angeklagte versprochen hat, sofort wieder in seine Heimat zurückzu-
kehren, soll es einstweilen mit den fast zwei Monaten Gefängnis genug sein. Den Rest der angemessenen Freiheitsstrafe von
einem Jahr braucht er nur zu verbüßen, wenn er wieder eine Straftat begehen sollte.

Die Kostenentscheidung beruht auf § 465 StPO.

Amtsgericht Tiergarten

Im Namen des Volkes

Der Angeklagte wird wegen Betruges zu einer Geldstrafe von sechzig Tagessätzen zu je zehn DM verurteilt.
Er hat auch die Kosten des Verfahrens zu tragen.
§ 263 StGB

Gründe

Der 35jährige Angeklagte bestellte im Januar/Februar 1996 bei „Bader" in Pforzheim eine Reihe von Sachen, wollte die Sachen aber nicht bezahlen, jedenfalls nicht vollständig. So bezahlte er bei Empfang der Ware lediglich den Nachnahmebetrag. Um sich vor der Restzahlung zu drücken, packte er ein Paket aus alten Zeitungen und gab „Bader" dann an, in dem Paket habe er „Bader" die Sachen zurückgeschickt.

Dieser Sachverhalt ist strafbar als Betrug nach § 263 StGB.

Der Angeklagte hat in der Hauptverhandlung zugegeben, die Sachen bestellt und erhalten zu haben, aber behauptet, die erhaltenen Sachen in ein Paket gepackt zu haben. Daß nicht die Sachen, sondern alte Zeitungen bei „Bader" angekommen sind, hat sich aus der Aussage des Wieland Klein, Mitarbeiters von „Bader", ergeben, die dieser gemäß § 223 StPO beim Amtsgericht Pforzheim gemacht hat.

Der Angeklagte, der im übrigen keine Erklärung dazu abgegeben hat, warum er denn die Sachen, gerade erhalten, zurückgeschickt habe, wird dadurch überführt, daß bei der Marita Hein, geboren 1961, am 13. Januar 1997 ein Jeanshemd und die Verpackungen zweier Videospiele gefunden worden sind, alles Sachen aus dem Bader-Katalog, auf der Verpackung des einen Videospiels ist noch der Bader-Artikel-Streifen vorhanden. Genau ein solches Hemd und solche zwei Videospiele befanden sich unter den Sachen, die der Angeklagte bestellt und erhalten hatte.

Marita Hein ist mit dem Angeklagten befreundet. Sie hat zwar, wie sich aus der Aussage des Kriminalkommissars Altmeier, der die Sachen bei ihr gefunden hat, in der Hauptverhandlung ergeben hat, zunächst abgestritten, den Angeklagten überhaupt zu kennen, sie hat dann aber doch ihre Aussage „revidiert", als die Hauswartsfrau dem Kriminalkommissar auf Vorlage des Paßbildes des Angeklagten erklärt hatte, daß das der Mann sei, der bei Marita Hein „ein- und ausgehe". Der Angeklagte hat in der Hauptverhandlung nun auch zugegeben, daß er Marita Hein kenne, er teilt mit ihr jetzt sogar ganz offiziell die Wohnung. Marita Hein hat sich jetzt in der Hauptverhandlung gar nicht erklärt, klug übrigens, denn gegen sie läuft auch ein Verfahren. In dem Verfahren wird ihr vorgeworfen, in drei Fällen Sachen von Versandhäusern bekommen und dann Zeitungen zurückgeschickt zu haben.

Der Angeklagte erhält nur kleine Strafe, die 60 Tagessätze zu je 10 DM sind angemessen. Zwar hat er bis zuletzt bestritten, er wäre aber auch mit einem Geständnis nicht besser gefahren. Denn daß der Angeklagte trotz der besonders klaren Sachlage, so muß man sagen, kein Geständnis abgelegt hat, lag wohl mehr an seinem Verteidiger, der im Parallelverfahren übrigens die Marita Hein verteidigt.

Das ist das eine. Das andere ist aber, daß man solche Sachen hinsichtlich ihres kriminellen Gehalts nicht überbewerten soll. Die Versandhäuser sollten eigentlich doch ein bißchen darin investieren, vor Lieferungen zu prüfen, an wen denn da geliefert werden soll, und weiter: Der Angeklagte ist Alkoholiker, wie er selbst sagt. Bisher ist er zwar mehrfach, aber immer nur durch sehr kleine Delikte, aufgefallen. Die letzte Verurteilung liegt auch schon sehr lange zurück. Jetzt ist der Angeklagte schon länger „trocken", das soll durch die kleine Geldstrafe ausdrücklich positiv angemerkt werden.

Die Kostenentscheidung beruht auf § 465 StPO.

Amtsgericht Tiergarten

Im Namen des Volkes

Der Angeklagte wird wegen Körperverletzung und unter Einbeziehung der Strafe aus dem Urteil des Amtsgerichts Tiergarten vom 11. September 1996 zu einer
Gesamtfreiheitsstrafe von vier Monaten
verurteilt.
Er hat auch die Kosten des Verfahrens zu tragen.
§§ 223, 21, 55 StGB

Gründe

Wenn der Angeklagte trinkt, steigert sich seine Unbeherrschtheit noch. Das hat schon zu vielen Straftaten geführt. Am Nachmittag des 26. August 1996 ließ er sich angetrunken (§ 21 StGB) im Café „You and Me" am Mariendorfer Damm in Berlin-Tempelhof nieder. Wie nicht anders zu erwarten, störte er dort die Gäste. Die Servierin Ayse Sengül konnte schließlich nicht umhin, ihn zu bitten, das Café zu verlassen. Da schlug der Angeklagte ihr vor allen Gästen ins Gesicht.

Dieser Sachverhalt, eine Körperverletzung nach § 223 StGB, hat sich in der Hauptverhandlung aus den glaubhaften Bekundungen der Ayse Sengül ergeben. Ihm sind drei Monate Freiheitsstrafe allemal angemessen. Zu dieser Strafe treten noch die drei Monate Freiheitsstrafe, die der Angeklagte durch das Urteil vom 11. September 1996 erhalten hat und die der Angeklagte gerade in Tegel verbüßt, wodurch es zu der Gesamtfreiheitsstrafe von vier Monaten kommt. Zu jenem anderen Verfahren ist noch zu sagen, daß die dort abgeurteilte Tat am selben Tag geschah, was ein bezeichnendes Licht auf unsere Strafverfolgungsmethoden wirft, die an Ineffektivität kaum zu überbieten sind. Man bedenke: Am Nachmittag kommt die Polizei wegen der Körperverletzung, man macht ein bißchen Papierkram, man läßt den Beschuldigten zu neuer Straftat ziehen, man führt zwei getrennte Strafverfahren durch. Ein Ding fürs Tollhaus und – weniger poetisch ausgedrückt – fürn Rechnungshof, aber der erfährt davon ja nichts.

Die Kostenentscheidung beruht auf § 465 StPO.

Amtsgericht Tiergarten

Im Namen des Volkes

Die Angeklagten werden wegen gefährlicher Körperverletzung, die Angeklagte Schwall zugleich begangen mit Beleidigung, zu Freiheitsstrafen verurteilt,
der Angeklagte Surmann und die Angeklagte Schwall zu acht Monaten,
der Angeklagte Sander zu drei Monaten.
Die Vollstreckung der Strafen wird zur Bewährung ausgesetzt.
Die Angeklagten haben die Kosten des Verfahrens zu tragen.
Bei allen §§ 223, 224 Abs. 1 Nr. 2 und Nr. 4, § 21, bei Schwall zusätzlich §§ 185, 52 StGB

Gründe

Das kann ohne Freiheitsstrafe nicht hingenommen werden: Am frühen Abend des 10. September 2002 fahren die drei Arbeiter Stipe Secic, geboren 1969 in Kroatien, seit 28 Jahren in Berlin, Philipp Kusch, geboren 1979 in Berlin, und Jorge Oliveiro Matos, geboren 1977 in Portugal, seit Kindheit in Berlin lebend, von der Arbeit kommend nach Hause. Sie sitzen friedlich in der S-Bahn, da steigen die Angeklagten, arbeitslos, alkoholisiert von einem Badeurlaub zurückkehrend, am Bahnhof Schöneberg in die Bahn ein. Die Angeklagte Schwall geht mit ihrem hüftgroßen Hund an den drei Arbeitern vorbei. Matos sagt irgend etwas zu dem oder über den Hund, etwas Nichtssagendes, jedenfalls keineswegs Unfreundliches, oder er versucht sogar, den Hund zu streicheln. Da geht Schwall zum Angriff über und sagt zu dem Hund: „Komm, das sind ja nur Kanaken, hier stinkt's". Die Arbeiter, besonders Secic und Matos, sind als ausländisch aussehende Männer einiges gewöhnt und reagieren unaufgeregt. Secic äußert sich in dem Sinne, die Frau solle weitergehen, man wolle mit ihr nichts zu tun haben.

Diese Bemerkung eines, wie gesagt, ausländisch aussehenden Mannes, erregt Schwall in ihrem angetrunkenen Zustand. Sie gebärdet sich lautstark ordinär und schreit, daß sie von den „Kanaken angemacht" werde. Durch dieses Gebrüll werden Surmann und Sander, die sich bislang etwas weiter entfernt aufgehalten hatten, herbeigelockt. Sie erscheinen, nehmen, durch das Geschrei Schwalls in aggressive Stimmung versetzt, vor den drei Arbeitern drohend Aufstellung. Surmann holt aus seinem Rucksack einen Totschläger heraus und hebt ihn gegen Matos hoch. Jetzt geht alles sehr schnell. Matos erhebt sich, vermutlich um dem erwarteten Schlag zu entgehen oder um Surmann den Totschläger zu entreißen. Als die Bahn jetzt in Tempelhof hält, wird Matos von den drei Angeklagten auf den Bahnsteig gezogen und dort dreschen alle drei auf ihn ein.

Schwall gebärdet sich wie eine Wahnsinnige und schlägt mit einer Hundeleine, die mit Widerhaken versehen ist, gegen die Arbeiter, Sander zieht ein Messer. Secic und Kusch sind Matos zu Hilfe geeilt, und Secic kann dadurch, daß er Surmann an den Hals greift und Zudrücken ankündigt, wenigstens erreichen, daß Sander das Messer fallen läßt. Bei den Männern kommt es zum Stillstand der Auseinandersetzungen, als sich herausstellt, daß Surmann mit einer Kopfverletzung, von der niemand sagen kann, wie sie entstanden ist, zu Boden sinkt. Nur Schwall gebärdet sich weiter als sei sie verrückt geworden und versucht, immer und immer wieder auf die Arbeiter einzutreten.

Dieser schreckliche Sachverhalt hat sich in der Hauptverhandlung aus den besonnenen und zutreffenden Aussagen Secics und der S-Bahn-„Sicherheitskraft" Sabine Siering ergeben. Die beiden angeklagten Männer haben kaum etwas gesagt, ihnen war die Sache eher peinlich und unangenehm, um so ausführlicher hat sich Schwall ausgelassen. Schuld haben danach die drei Arbeiter, einer habe sie ans Bein gefaßt, und da habe sie sich zur Wehr setzen müssen. Kein wahres Wort, Ausführungen einer entsetzlich ordinären Person, der man besser weder hier noch dort begegnet.

Nach dem Sachverhalt sind alle drei Angeklagten, die übrigens alle Mitte 20 sind, schon deshalb wegen gefährlicher Körperverletzung strafbar, weil die Körperverletzung gemeinschaftlich begangen worden ist (§ 224 Abs. 1 Nr. 4 StGB). Bei allem kommt auch noch hinzu, daß gefährliche Werkzeuge (§ 224 Abs. 1 Nr. 2 StGB) im Spiel waren, Totschläger, Hundeleine, Messer. Auch wenn nicht feststeht, ob durch diese gefährlichen Werkzeuge Verletzungen hervorgerufen worden sind, allein deren Einsatz genügt, auch folgenloser Einsatz. Bei Schwall kommt außerdem noch Beleidigung (§ 185 StGB) hinzu, eine und dieselbe Handlung (§ 52 StGB), aus der Beleidigung ist die Körperverletzung sozusagen geboren worden.

Ohne Freiheitsstrafe kann das nicht abgehen. Schwall und Surmann erhalten je acht Monate. Schwall muß sich vorwerfen lassen, daß sie die Ursache des ganzen Geschehens ist, bei Surmann fällt schwer ins Gewicht, daß er überhaupt einen Totschläger im Gepäck hatte. Bei Sander mag ein minderschwerer Fall angenommen werden, er ist wohl so hineingezogen worden und er hat das Messer, bei dem es sich um ein normales Taschenmesser gehandelt haben soll, auch alsbald wieder weggesteckt.

Nochmals sei betont: Solche Vorfälle in öffentlichen Verkehrsmitteln müssen nachhaltige Strafen zur Folge haben. Leider sind die Angeklagten nicht sofort eingesperrt worden, das hätte noch heilsamere Wirkung gehabt als die jetzige Entscheidung, bei der die Strafaussetzung zur Bewährung sozusagen unvermeidbar ist. Zum Beweise dessen sei noch nachgetragen, daß Surmann nach Eintreffen der Anklage in die Untersuchungshaft geholt worden ist. Wenigstens bei ihm, der mit einem Totschläger im Gepäck S-Bahn fährt und ihn bei nichtigem Anlaß herausholt, sollte der

Fehler des Ermittlungsverfahrens ausgeglichen werden. Gelungene Operation! Denn Surmann hat in der Hauptverhandlung gesagt, so schrecklich es im Gefängnis auch gewesen sei, er sei dort zum Nachdenken gekommen.

Die Kostenentscheidung beruht auf § 465 StPO.

Amtsgericht Tiergarten

Im Namen des Volkes

Der Angeklagte wird freigesprochen.
Die Kosten des Verfahrens und etwaige notwendige Auslagen des Angeklagten fallen der Landeskasse zur Last.

Gründe

Dem 25jährigen Angeklagten wird ein Diebstahl (§§ 242, 248a StGB) vorgeworfen: Er soll der Michaela Zeisig am 8. Dezember 2001 50 DM gestohlen haben.

Der Angeklagte hat den Diebstahl bestritten. Die Aussage der Michaela Zeisig reicht nicht hin, den Angeklagten der Straftat mit der erforderlichen Sicherheit zu überführen. Zwar klingt die Aussage der Zeugin auf den ersten Blick plausibel. Beim „zweiten Durchgang" aber versah sie ihre Aussage mit so viel Anmerkungen und Einschränkungen, daß sie sie gewissermaßen durchlöcherte. So kam heraus, daß sie und der Angeklagte eigentlich nie etwas dabei fanden, gegenseitig über das Eigentum, auch das Geld, des anderen zu verfügen. Sie wohnten nämlich quasi zusammen. Daraus ergibt sich, daß man zugunsten des Angeklagten annehmen muß, daß er denken konnte, auch mit den 50 DM hier könne er so verfahren. Zwar, so die Zeugin, habe sie den Angeklagten an jenem 8. Dezember aus der Wohnung, die sie gemietet habe, hinausgeworfen. Aber ob so ein Hinauswurf und damit das Ende der Vertraulichkeit auch in finanziellen und anderen Dingen endgültig ist oder nicht, kann man ja eigentlich nie wissen.

Bei dieser zweifelhaften Beweislage wäre es ganz sicherlich richtig gewesen, die ganze Sache als nicht so besonders wichtig anzusehen und als Bagatelle fallenzulassen, auch wenn der Angeklagte in anderer Sache unter Bewährung steht, oder man kann auch sagen vielleicht gerade deswegen. Dieser Vorschlag fand bei der Amtsanwaltschaft jedoch so gar kein Gehör. Manchmal scheint es so, daß die vielen kleinen Verfahren, die dort zu bearbeiten sind, auch zu einem Denken im Klein-Klein-Format führen. Es würde sogar nicht erstaunen, wenn gegen den zugegebenermaßen „schwachen" Freispruch sogar noch Berufung eingelegt würde!

Die Kostenfolge des Freispruchs ergibt sich aus § 467 Abs. 1 StPO.

Amtsgericht Tiergarten

Im Namen des Volkes

Der Angeklagte wird wegen schwerer Brandstiftung zu einer Freiheitsstrafe von einem Jahr
verurteilt.
Der Angeklagte trägt die Kosten des Verfahrens.
§ 306a StGB

Gründe

Der Angeklagte, der sechs Kinder von mehreren Frauen hat, wurde im vergangenen Jahr davon überrascht, daß er sich in einen jungen Mann namens Franz verliebte. Als Franz sich allerdings seinerseits nicht unbedingt zum Angeklagten bekannte, geriet der Angeklagte in Verzweiflung, bildete sich das jedenfalls ein. In diesem schwierigen labilen Zustand vergoß er am Abend des 7. März 2002 in der Küche seiner Wohnung in der Seelingstraße in Berlin-Charlottenburg einigen Spiritus, warf dann eine brennende Zigarette in den Mülleimer und auf die Zigarette noch einige Papierservietten. Dann ging er weg. Als er rund eine halbe Stunde später wiederkam, stand seine Küche, wie nicht anders zu erwarten, in hellen Flammen.

Der Angeklagte hat das mit der brennenden Zigarette und den Papierservietten in der Hauptverhandlung zugegeben. Bestritten hat er, Spiritus ausgegossen zu haben. Das hat sich allerdings aus dem Gutachten der Polizeitechnischen Untersuchungsstelle ergeben, nachdem in mehreren Bauschuttproben Spiritus gefunden worden ist, was nicht anders zu erklären ist, als daß der Angeklagte sich mit dem Vergießen von Spiritus bei seiner Brandstiftung des Erfolgs sicher sein wollte.

Der Angeklagte erhält für die Straftat – schwere Brandstiftung nach § 306a StGB – ein rundes Jahr Freiheitsstrafe. Da er, wenn auch keine einschlägigen, so doch Vorstrafen hat, kann ihm Strafaussetzung zur Bewährung nicht gegeben werden. Haftentlassung kommt auch nicht in Frage. In seinem fortdauernden labilen Seelenleben würde er gegenwärtig gewiß weitere Straftaten begehen.

Die Kostenentscheidung beruht auf § 465 StPO.

Amtsgericht Tiergarten

Im Namen des Volkes

Der Angeklagte wird wegen fortgesetzter Beleidigung zu einer Geldstrafe von acht Tagessätzen zu je dreißig DM verurteilt, im übrigen freigesprochen.
Soweit der Angeklagte verurteilt wird, hat er die Kosten des Verfahrens zu tragen. Soweit der Angeklagte freigesprochen wird, fallen die Kosten des Verfahrens und die notwendigen Auslagen des Angeklagten der Landeskasse zur Last.
§ 185 StGB

Gründe

Der Angeklagte hat zu seinem Leidwesen mit seiner Sexualität ab und zu Probleme. In der Nacht vom 17. zum 18. November 1982 begab er sich in den Tiergarten und zeigte dort der Marion Brand und der Sabine Brecht, die dort als Prostituierte auf Kundschaft warteten, sein steifes Glied. Als die beiden zu ihm sagten, er solle „abhauen" und sie nicht in ihrem sogenannten Gewerbe stören, beschimpfte er sie mit den Worten Hure und Miststück.

Der Angeklagte hat diesen Sachverhalt in der Hauptverhandlung glaubhaft zugegeben. Die Staatsanwaltschaft hat ihn als fortgesetzte Beleidigung nach § 185 und als fortgesetzte exhibitionistische Handlung nach § 183 StGB anzusehen. Richtig ist, daß die Ausdrücke, die der Angeklagte verwendete, beleidigend sind, auch das Wort Hure, weil „Hure" zwar eigentlich nichts anders bedeutet als Prostituierte, heute aber nur noch als Schimpfwort gebraucht wird.

Der Tatbestand des § 183 StGB ist jedoch nicht erfüllt. Normalerweise hätte sich der Angeklagte durch seine Handlung schon als Exhibitionist strafbar gemacht, denn seine Handlung ist durchaus geeignet, bei den Betrachtern Abscheu oder Ekel hervorzurufen oder zumindest das Schamgefühl zu verletzen. So jedenfalls wird in dem kleinen Erläuterungsbuch Dreher/Tröndle zum Strafgesetzbuch (Randnummer 6 zu § 183) die exhibitionistische Handlung beschrieben. Bei Prostituierten, nachts im Tiergarten, liegt das aber anders. Von steifen Gliedern sind sie in ihrem seelischen Befinden nicht zu beeinträchtigen, im Gegenteil: so etwas gehört als wesentlicher Bestandteil zu ihrem Gewerbe. Die beiden Prostituierten waren also weder schockiert angeekelt oder dergleichen, sondern sie fühlten sich nur in ihrem Gewerbe gestört. § 183 StGB ist nun aber keine Gewerbeschutzvorschrift, sondern eine Norm aus dem Sexualstrafrecht.

Für die Beleidigung genügt die kleine Geldstrafe, auch schon deshalb, weil der Angeklagte wegen der Tat bereits andere erhebliche Nachteile gehabt hat. Er wurde nämlich, wie er in der Hauptverhandlung glaubhaft gesagt hat, von einem Mann, vermutlich von dem Zuhälter der einen Prostituierten, mörderisch verprügelt.

Die Kostenentscheidung beruht einerseits auf § 465 StPO; andererseits auf § 467 Abs. 1 StPO.

Nachrede

Nun muß ich doch noch sagen, wie ich darauf gekommen bin, diese Urteile zu veröffentlichen. Diese „Gründe" hier unterscheiden sich schon sehr von dem, wie Juristen sonst so zu schreiben pflegen. Das kennt ja jeder, „Juristendeutsch" ist kein Lobeswort. Das soll da immer alles so genau sein und ist es häufig dann ganz und gar nicht, manchmal sogar das glatte Gegenteil davon. Und immer wieder verwundert, daß, so möchte man meinen, nicht der geringste Ehrgeiz zu bestehen scheint, verständlich zu schreiben, obwohl man doch weiß, daß klare Sprache und Schrift das Spiegelbild klarer Gedanken sind. So kommt es nicht nur zu viel Kauderwelsch und Unrichtigkeit, sondern vor allem auch zu Langeweile, niemand will das hören oder lesen.

Meine „Gründe" waren immer anders, wie auch meine Verhandlungen immer anders waren. Ich bin oft nach den Ursachen dafür gefragt worden, und ich meine, daß es schlicht daran liegt, daß ich an allen Verhandlungen, an jedem Geschehen, besonders an den Menschen interessiert war, und zwar an allen, an den Angeklagten, an den Opfern, an anderen Zeugen, auch am Staatsanwalt, dem Rechtsanwalt, den Wachtmeistern, dem Protokollführer, den Referendaren, den Praktikanten, den Dolmetschern, den Zuschauern ... Ich wurde kein anderer Mensch, wenn ich in die Robe schlüpfte, wie ich denn auch derselbe blieb, wenn ich die Robe wieder auszog. Ich war froh, daß man das in meinen Verhandlungen spürte. Und genau das war es, merkte ich bald, was sich auch in meinem Schreibwerk niederschlug. Von meinen „Gründen" wurden in den Jahren mehr und mehr von Freund und Feind gesammelt. Das erste Urteil, von dem ich erfuhr, daß es in vielen Fotokopien die Runde machte, habe ich als letztes noch

– 222 –

in die Sammlung aufnehmen können. Es ist das Urteil über den bedauernswerten Exhibitionisten aus dem Tiergarten. Ich habe es zu guter Letzt zufällig gefunden, wobei es denn ohnehin so ist, daß die Auswahl hier eigentlich mehr oder weniger Zufall ist. Ich vermute, daß ich in den 25 Jahren, in denen ich in Moabit Strafrichter war, gut 8 000 Urteile gemacht habe. Die meisten sind verschollen, an einige erinnere ich mich mit Wehmut. Ich habe nicht nachgeforscht, sondern Auswahl getroffen aus dem, was noch bei mir vorhanden war, und ich finde es auch gut so, weil dadurch jeder Anflug von Ambitioniertheit, von Gewolltem vermieden und es so sozusagen zu einer ruhigen Bestandsaufnahme gekommen ist.

Wichtig war mir auch immer, Floskeln aufzuspüren und wenn möglich zu vermeiden. Nur: „Die Kostenentscheidung beruht auf § 465 StPO", das sollte immer sein, ein schöner Abschluß, sicher gelandet auf schierer Üblichkeit, obwohl man das fast immer auch einfach weglassen kann, denn, wird jemand verurteilt, in fast allen Fällen „beruht die Kostenentscheidung auf § 465 StPO" und auf nichts anderem.

Was Floskeln angeht, so will ich hier ein einprägsames Erlebnis wiedergeben. Es war in meiner Referendarzeit Mitte der 60er Jahre, da las ich in Moabit ein Urteil einer Jugendrichterin in Sachen Peter Brandt. Diesen ältesten Sohn Rut und Willy Brandts kannte damals jeder in Berlin. Er schien jener Typ Intelligenzbestie zu sein, der den Eltern Stolz und Schrecken zugleich ist, und er war natürlich hochpolitisch, und das war es auch, was ihn dann zu jener Jugendrichterin brachte. Der Jüngling Brandt hatte an einer Demonstration teilgenommen und sich aus ihr wohl nicht schnell genug entfernt, als ein polizeiliches Machtwort die Demonstration auflöste. „Auflauf" oder so ähnlich hieß der Straftatbestand damals, den es längst so nicht mehr gibt.
Ich las das Urteil der Jugendrichterin. Es begann mit den Worten: „Der Angeklagte ist ehelicher Geburt." Ich hielt inne. Im Wahlkampf 1961 war Willy Brandt, der Kanzlerkandidat der SPD, von Adenauer nicht nur als Emigrant – schon schlimm genug – son-

dern – damals vielleicht noch schlimmer – auch als unehelich diffamiert worden. In diesem Lichte hielt ich die Bemerkung der Jugendrichterin über die Ehelichkeit des Sohnes Brandt für eine deutlich-kritische Anmerkung zu der Adenauerschen Schmutzkampagne und lachte und sagte, nun immerhin, die Brandtschen Kinder sind schon ehelicher Geburt.

Das Lachen verging mir schnell. Las man in dem Urteil nämlich weiter, war alles so bieder, so eng – und kleinbürgerlich. Da war aber auch überhaupt nicht daran zu denken, daß das eine überlegen-spöttische Anmerkung war. Also, was war es dann? Ich zog meinen Ausbilder, einen über dem Moabiter Durchschnitt stehenden Amtsrichter zu Rate. Der sagte kurz und bündig: Da hat sich die Kollegin gar nichts bei gedacht, das schreibt die immer so, hier schreiben überhaupt viele immer dasselbe, und ich muß leider gestehen, daß mir diese Bemerkung auch gar nicht mehr aufgefallen wäre. Also, seien Sie immer schön aufmerksam!

Ich habe Peter Brandt, der heute Professor für Geschichte ist, kürzlich gefragt, ob er sich auch noch an diese alte Geschichte erinnere. Er sagte, ja, heute kann man das heiter finden.